CINQ ANS DE SÉJOUR

AU

SOUDAN FRANÇAIS

L'auteur et les éditeurs déclarent réserver leurs droits de traduction et de reproduction.

Ce volume a été déposé au ministère de l'intérieur (section de la librairie) en mai 1889.

PARIS. TYP. DE E. PLON, NOURRIT ET Cie, RUE GARANCIÈRE, 8.

CINQ ANS DE SÉJOUR

AU

SOUDAN FRANÇAIS

PAR

EUGÈNE BÉCHET

OUVRAGE ACCOMPAGNÉ D'UNE CARTE

PARIS

LIBRAIRIE PLON

E. PLON, NOURRIT ET Cie, IMPRIMEURS-ÉDITEURS

RUE GARANCIÈRE, 10

1889

Tous droits réservés

PRÉFACE

Mon intention n'est pas, en publiant ces notes rassemblées surtout dans le but de servir mes souvenirs personnels, d'écrire des mémoires, et si ma personnalité y occupe une place qui pourra parfois paraître excessive, c'est qu'il m'a paru indispensable de me mettre souvent en scène pour donner plus de clarté ou plus d'exactitude au récit. Je dois donc tout d'abord me présenter au lecteur et lui dire comment j'ai été amené à séjourner dans le Soudan français et dans quelles conditions spéciales j'y ai vécu.

Entraîné dès l'âge de quatorze ans par le goût des voyages, l'amour de l'inconnu et des dangers, et aussi, je dois l'avouer, par l'horreur de la vie sédentaire, je commençai mon apprentissage dans la marine marchande à bord du « *Casimir Delavigne* » sur lequel je naviguai comme pilotin et plus tard comme lieutenant pendant plusieurs années.

A vingt-deux ans, j'avais fait deux fois le tour du monde et je résolus d'utiliser la pratique que j'avais acquise durant mes campagnes maritimes pour subir l'examen de capitaine au long cours ; mais, ma jeunesse ne me permettant pas d'obtenir un commandement, je dus, en attendant la maturité requise, chercher une position conforme à mes goûts, et j'obtins de faire partie de l'Administration française dans le Haut-Sénégal.

Malheureusement, les fonctions qui me furent dévolues ne me permirent point de donner essor à mes penchants d'explorateur, et je dus, bien souvent, me résigner à voir partir, de mon poste même, des expéditions auxquelles j'eusse ardemment désiré prendre une part active.

Je suis donc resté pendant près de cinq années consécutives en résidence dans une portion assez restreinte du Haut-Sénégal et il m'a été facile, pendant ce long laps de temps, de réunir une foule d'observations qui peuvent avoir de l'intérêt pour les nombreuses personnes qui, sans les bien connaître, s'intéressent à ces mystérieuses contrées où la France dépense chaque année une notable partie de son sang et de son argent.

Par une immunité inexplicable qui a été remarquée par le service médical, le climat, si meurrier pour les Européens, a été presque clément pour moi, et j'ai pu, en raison du séjour exceptionnellement long que j'ai fait dans les quelques postes où mes fonctions m'appelaient, acquérir du pays et de ses habitants une connaissance approfondie que bien peu d'explorateurs pourraient, je crois, revendiquer.

Vivant tout à fait au milieu des populations indigènes, possédant leur langue, et très souvent consulté par elles dans les différends qui les séparaient, j'ai appris à connaître le fort et le faible de ces êtres si méprisés et si peu méprisables; j'ai pu étudier la manière d'utiliser les forces latentes de ces régions qui n'hésitent tant à se livrer que parce que, quand elles l'ont fait, elles ont été trompées la plupart du temps, leurs espérances déçues, et tous les engagements pris envers elles méconnus. Sans avoir l'intention de me lancer dans des déductions philosophiques et économiques en dehors de mon but et de ma compétence, je pense, par la seule sincérité des impressions recueillies sur place, intéresser le lecteur indulgent qui voudra bien ne chercher dans ces quelques notes qu'une modeste contribution à l'étude de celle de nos colonies à laquelle est réservé peut-être le plus brillant avenir.

CINQ ANS DE SÉJOUR
AU SOUDAN FRANÇAIS

CHAPITRE PREMIER

Départ de Toulon. — Traversée. — Gros temps. — La côte de Barbarie. — Transbordement. — Saint-Louis. — Difficultés de la première installation. — Aspect de la ville. — Un tam-tam Yolof.

Au mois d'avril 1882, je pris passage à Toulon à bord d'un transport de l'État à destination de Saint-Louis. J'avais comme compagnons de voyage des officiers, des médecins, nommés à différents postes sur le haut Sénégal, quelques fonctionnaires civils et des ingénieurs allant procéder à l'établissement de la ligne qui reliera quelque jour Kayes, importante station du Sénégal, à Bamako, point considéré comme la clef de nos relations futures avec Tombouctou.

Après trois jours d'une navigation contrariée et favorisée tour à tour par les brises folles et inconstantes de la Méditerranée, nous passons en vue des forteresses anglaises de Gibraltar ; la mer, restée bonne jusque là, devient furieuse et nous avons à subir un ouragan assez violent.

Beaucoup de passagers, qui se croyaient déjà le pied marin, perdent contenance, déconcertés par le jeu vacillant des mâts, par les craquements et les frémissements indéfinissables du navire tourmenté par les vagues et le vent.

Le carré, très animé depuis le départ, devient peu à peu calme et silencieux, plus de ces conversations bruyantes auxquelles tout le monde prenait part ; à peine quelques colloques à mi-voix qu'interrompent de longs silences, des questions banales jetées avec indifférence, auxquelles on répond au hasard, machinalement, parce qu'on n'a pas encore perdu l'usage de la parole. A chaque instant, un pasager se lève et sort discrètement, l'air vague, le nez pincé, les lèvres pâles. De tous côtés, dans les couloirs, ce sont des allées et des venues, des claquements de portes ouvertes et fermées violemment et derrière lesquelles disparaissent à tout moment de nouvelles victimes du mal de mer.

Heureusement, le vent tombe bientôt et par une belle journée calme et ensoleillée nous apercevons Madère.

A peine appuyé par une légère brise, le navire glisse

doucement le long de la côte dont les mornes se profilent en teintes suaves et harmonieuses.

Les passagers, retenus prisonniers dans leurs cabines pendant le mauvais temps, montent sur le pont, heureux de ne plus le sentir se dérober sous leurs pas, et viennent respirer à pleins poumons l'air embaumé qui nous arrive de terre.

A partir de ce jour, la vie à bord reprend son calme et sa régularité. Contrairement à ce qui est d'usage pour les transports, nous ne nous arrêtons pas à Ténériffe, dont nous apercevons vaguement le pic émergeant des nuages brumeux.

Enfin, un matin nous sommes réveillés par des bruits inaccoutumés de chaînes que l'on traîne sur le pont, de manœuvres précipitées, de commandements brefs auxquels se mêlent des coups de sifflet, roulants et modulés; on pourrait croire à l'approche d'une tempête tellement l'agitation est grande, mais on est vite rassuré par l'aspect du beau soleil qui vient de se lever et pénètre par les hublots à l'intérieur des cabines, se reflétant en rayons marbrés et tremblotants contre les cloisons blanches; d'ailleurs, la nouvelle se répand: c'est la terre qu'on vient de reconnaître, et on prend toutes les dispositions nécessaires pour le mouillage.

Chacun s'empresse de courir sur le pont afin de faire connaissance avec le nouveau pays qu'il doit habiter. Quelle déception ! Que de cœurs se serrent à la vue de cette côte aride et inhospitalière !

Ah ! ceux qui ont rêvé un pays vert et brillant, enfoui sous une végétation luxuriante, un pays des tropiques enfin, sont bien déçus en contemplant cette longue bande de sable jaune sur laquelle il n'y a rien, absolument rien que des dunes qui, petit à petit, à mesure que le soleil monte, deviennent aveuglantes de blancheur.

Pendant toute la journée, nous longeons à petite vitesse cette côte triste et désolée, et vers le soir seulement, nous apercevons, se détachant nettement, les dentelures d'un fouillis de minuscules petites huttes en paille derrière lesquelles se dressent, sveltes et élancés, quelques cocotiers : puis, en approchant davantage, on distingue les maisons blanches et plates de la ville européenne, en face de laquelle nous jetons l'ancre après avoir salué trois fois de notre pavillon.

Une pirogue montée par quatre noirs se détache de la plage ; nous la voyons s'élancer sur la crête écumante des lames, disparaître ensuite, comme engloutie, puis reparaître encore toute luisante, bondissante et légère par-dessus les volutes qui semblent prêtes à la briser. Cette pirogue nous apporte les ordres du gouverneur.

Nous devons attendre au lendemain avant de nous remettre en marche jusqu'à l'embouchure du Sénégal (vingt milles environ), où un petit vapeur viendra, — si le temps le permet, — chercher les passagers ; car l'entrée du fleuve est fermée par un banc qui n'est franchissable que lorsque les vents du large ne viennent pas y accumuler le sable (1).

Le lendemain, nous remontons le Sénégal pendant près de trois heures ; la barre a été bonne et le petit aviso sur lequel nous avons été transbordés a pu la franchir sans encombre.

Le pays est bien ce que nous le voyions du large, et c'est à peine si sur la rive gauche on aperçoit les rares vestiges d'une végétation maigre et souffrante que quelques chameaux se disputent faute de mieux.

Enfin, nous arrivons à Saint-Louis. C'est l'heure de la sieste, un morne silence règne partout : pas un blanc dans les rues ; seuls, quelques noirs, accroupis sous les auvents des portes, attendent en sommeillant l'heure de la reprise du travail. On a l'impression d'une côte subitement abandonnée par ses habitants à la suite d'une catastrophe soudaine. La ville est d'ailleurs encore sous le coup des deuils sans nombre causés par la terrible épidémie de fièvre jaune qui, quelques mois auparavant, a décimé la population européenne.

Les rues n'étant pas encore bétonnées comme elles le sont aujourd'hui, nous avons une peine inouïe à mar-

---

(1) Aujourd'hui, les navires qui amènent des passagers les débarquent à Dakar ; de là, un chemin de fer les transporte à Saint-Louis.

cher sous le soleil de midi, dans le sable poussiéreux que de brûlantes rafales de vent d'est soulèvent autour de nous en aveuglants tourbillons. Ne sachant de quel côté nous diriger, souffrant de la soif et de la chaleur, nous nous mettons en quête d'un abri quelconque où nous puissions plus commodément attendre le réveil de cette ville assoupie.

Fort heureusement, nous ne tardons pas à rencontrer un noir, parlant français, qui nous indique le seul café-restaurant existant alors à Saint-Louis; nous nous y rendons; c'est une grande salle dont les murs nus sont blanchis à la chaux.

A notre entrée, un nuage de mouches s'élève en bourdonnant, puis s'abat bientôt en essaims pressés, marquant de larges taches noires les murs et le plafond.

Au fond se dresse une sorte de long comptoir confectionné grossièrement avec des planches de caisses, auxquelles une couche de peinture d'un rouge foncé ne donne que très imparfaitement l'apparence de l'acajou.

A l'une des extrémités, derrière un grillage en bois, s'alignent des bouteilles aux étiquettes multicolores. De distance en distance, des vitrines en forme de pupitre contiennent des articles nécessaires aux Européens ou recherchés des noirs : savon, tabac, allumettes, colliers en verre soufflé, pierres à fusil, couteaux, cadenas, pipes, peignes, bagues en cornaline, etc.

Dans un coin, autour d'une table ronde que recouvre une toile cirée sale et déchirée, quelques chaises bancales offrent un soutien aussi peu confortable que mal assuré. Tel est l'aménagement peu luxueux du grand restaurant de Saint-Louis (1). Après avoir pris quelques rafraîchissements, nous consacrons le reste de la journée à chercher d'introuvables chambres, et ce n'est que vers la nuit que nous finissons par découvrir, à l'extrémité sud de l'île, en plein quartier nègre, une grande pièce assez propre, mais sans mobilier, tous les meubles qui ont servi aux malades ayant été détruits après l'épidémie. C'est là que nous campons, nos couvertures de voyage et nos valises suppléant tant bien que mal aux matelas et aux oreillers absents. Dès le point du jour, nous sommes réveillés par le bruit sourd et cadencé que font dans toute la ville les femmes indigènes en pilant, dans de grands mortiers en bois, le mil et le maïs qui servent à confectionner le couscous de la journée. Un marabout, appelant les fidèles à la prière du matin, mêle à ce bruit la plainte monotone de sa voix nasillarde.

Désireux de faire plus ample connaissance avec la localité, je me hâte de sortir de notre dortoir.

(1) Depuis 1882 les choses ont bien changé. Saint-Louis a aujourd'hui des magasins et surtout des cafés très luxueux.

Saint-Louis est une ville presque entièrement construite à la mauresque, sur une île de sable qui sépare le Sénégal en deux bras, à vingt-cinq kilomètres environ de son embouchure. A l'est de l'île, un pont de bateau de six cents mètres de long relie la ville à la terre ferme; à l'ouest, un autre pont sur pilotis, jeté sur le petit bras du fleuve, permet de se rendre aux villages indigènes de Guet-N'-Dar et N'-Dar-Tout, situés sur la Langue de Barbarie, cette longue bande de sable que nous apercevions du large.

Sous les gais rayons du soleil levant, la physionomie générale de Saint-Louis me paraît plus riante que la veille : les maisons blanches forment des rues droites et régulières; çà et là, quelques trop rares cocotiers font diversion et tranchent agréablement sur la monotone blancheur des habitations.

Le palais du gouverneur, grand bâtiment carré à toiture plate et qui donne assez l'idée d'une grande volière (ceci dit sans allusion malséante), occupe le milieu de la ville. En face, s'ouvre une vaste place, sur laquelle, les jours de musique, se réunit la population la plus bizarre et la plus bariolée que l'on puisse imaginer : marins, spahis, tirailleurs, fantassins, artilleurs; *beau mossieu nègre* en habit à queue, chapeau haut de forme monumental et gants blancs, quarteronnes habillées à la française, se redressant fièrement sous leurs toilettes démodées; puis de riches traitants du fleuve, vêtus de grands *boubous* (1) bleus ou blancs et coiffés de petites toques en velours brodé d'or. Ce sont encore des mulâtresses en robes claires et flottantes, la tête serrée dans des foulards aux couleurs criardes, des négresses, femmes de traitants, drapées dans leur costume national : pagne en étoffe du pays formée d'une quantité de petites bandes de différentes couleurs cousues ensemble ; boubou en grosse mousseline brochée ; de leurs oreilles pendent d'énormes anneaux d'or massif ; les poignets et les chevilles sont chargés de volumineux bracelets en argent dans la fabrication desquels il entre quelquefois jusqu'à quarante pièces de cinq francs ; leur coiffure est des plus originales ; tous les cheveux réunis en arrière et tordus en tire bouchons de la grosseur d'une paille pendent sur la nuque. Cette coiffure, qu'une femme du métier ne met pas moins d'une journée à édifier, opération qui ne se renouvelle que tous les mois au plus, est assez laide ; en outre, le beurre dont on l'enduit tous les jours ne tarde pas à y former, avec la poussière, une couche de graisse dont le parfum n'est pas fait pour flatter l'odorat. Les distractions étant rares à Saint-Louis, les officiers, fonctionnaires et com-

---

(1) Sorte de grande chemise très ample, sans manches et sans coutures sur les côtés ; pour les hommes, le boubou tombe presque sur les pieds ; les femmes le portent beaucoup plus court, jusqu'à mi-jambe.

merçants, accompagnés de leurs femmes, ne manquent jamais d'assister à ces réunions musicales.

Outre le palais du gouverneur, Saint-Louis possède quelques monuments d'ailleurs insignifiants : l'église, la mosquée, toutes deux construites sans style et n'offrant rien de remarquable, l'hôpital, le palais de justice, quelques casernes, et c'est tout.

Dès le lendemain de notre arrivée, nous avons assisté à un spectacle d'une couleur locale si accentuée que ce n'est pas sans embarras que j'entreprends de le décrire.

C'est au village yolof de Guet-N'-Dar ; il y a tam-tam. On appelle ainsi une sorte de fête chorégraphique qui constitue le divertissement national des populations de l'Afrique ; son nom vient de l'instrument qui en est l'accompagnement inévitable. — Depuis la tombée de la nuit, les battements des caisses se font entendre, ralliant sur la place une partie de la population du village. La première heure est calme, les tam-tams continuent à résonner mollement, puis d'une façon plus entraînante ; de temps en temps, une femme s'avance au milieu du cercle que forment les spectateurs, risque un pas timide, et rentre vite dans les rangs. Souvent même un laps de temps assez long se passe, sans que de nouvelles danseuses osent se lancer dans l'arène.

Une jeune Yolof de quinze ou seize ans, d'un bond

souple et nerveux, s'élance au centre du cercle. Pour ne pas être gênée dans ses mouvements elle relève son boubou, en le tordant, jusque sous son menton, découvrant une poitrine à rendre jalouses les statues de l'Hébé antique; de la main droite, elle tient à poignée son pagne qu'elle soulève par brusques saccades bien au-dessus des genoux; la main gauche, posée sur la hanche, donne aux reins, suivant le rythme du tam-tam, des mouvements rapides ou lents. Ses talons frappent le sable de coups violents qui le font résonner sourdement.

Elle s'anime, ses gestes deviennent frénétiques, son boubou la gêne, elle l'enlève rapidement sans ralentir la danse; son torse nu a alors des reflets brillants qui, sous la lumière de la lune, accentuent encore ses contours souples et gracieux.

C'est un délire, la foule bat des mains en cadence; pour renforcer le bruit des caisses, les femmes chantent ou plutôt crient, avec une frénésie lubrique, des mots entrecoupés :

Taï, gonocey, gonocey, gonocey.
Mouray, mouray, mouray. Badiô.

Le latin qui, dans les mots, brave l'honnêteté, serait impuissant à rendre le réalisme de ce refrain.

Il faut être excité, étourdi, enivré par le rythme sec et cadencé du tam-tam pour danser l'*anamalis fobine*; il faut avoir mangé du *kola*, ce fruit d'une saveur âpre et désagréable qui grise, enlève l'appétit, permet de supporter la soif, fait disparaître le besoin du sommeil en provoquant des pensées voluptueuses et d'insatiables désirs. Épuisée de fatigue, le corps ruisselant, la jeune Yolof se décide à rentrer dans les rangs pour faire place à d'autres. Cette fois, ce sont deux vieilles griotes (danseuses de profession) mettant plus de cynisme et accentuant, en les rendant ignobles, des gestes que tout à l'heure j'avais trouvé presque gracieux.

La foule se rapproche, avide de ce spectacle, le cercle se fait de plus en plus petit; on se serre, on se pousse, si bien que ces femmes, en très peu d'instants, ont à peine assez de place pour se mouvoir. Alors un des joueurs de tam-tam, s'armant d'une ceinture de cuir, en applique de violents coups sur les pieds nus des spectateurs du premier rang, qui s'empressent de reculer, en donnant l'impulsion à tout l'entourage, et l'on continue la sarabande.

Tout le monde prend part à ces danses, depuis la petite fillette de sept à huit ans, jusqu'à la vieille négresse; il n'est même point rare de voir une femme d'âge mûr s'y livrer avec son enfant qu'elle porte à cheval sur les reins, le corps serré dans un pagne attaché sur la poitrine; la tête du petit, qui n'est point maintenue, dodeline en avant, en arrière, et revient frapper le dos luisant de sa mère, en suivant la cadence des mouvements de celle-ci.

CHAPITRE II

Musulmans et fétichistes. — Maures et Toucouleurs. — Les Peulhs — L'épopée d'El-Adj-Omar. — Ce qu'est devenu son empire. — Bambaras, Malinkés, Mandingkés et Kassonkés.

On a beaucoup écrit sur l'ethnographie du Sénégal et du Soudan occidental; toutes les classifications qui ont été données jusqu'à ce jour sont très savantes, je le veux bien, mais peut-être un peu plus savantes qu'exactes. En effet, quelle certitude offrir, alors qu'on se trouve en présence de populations sans histoire et sans traditions d'aucune sorte, alors qu'il y a eu de tels mélanges de sang que, dans chaque tribu, se trouve un peu du type de toutes les autres.

Il ne m'appartient pas de discuter les arguments invoqués par les voyageurs qui ont étudié cette question; je me contenterai pour ma part de diviser les habitants des contrées que nous allons parcourir par religions. C'est une puissante ligne de démarcation qui s'impose à l'observateur.

Le modeste cadre de cette étude ne comporte pas l'examen approfondi des races si nombreuses et si complexes qui vivent entre le Sénégal et le Niger. Je désire seulement qu'au cours de ces quelques notes le lecteur ne soit pas constamment arrêté par des noms complètement inconnus de lui, et, sans entrer dans des considérations interminables sur l'anthropologie des races qui nous intéressent, je présenterai rapidement les principales, en insistant surtout sur la différence de leurs mœurs et de leurs aptitudes. Comme je le disais, une division obligatoire établie sur la religion nous permettra dès le principe de simplifier la question. Toutes les populations, sans exception, que nous rencontrerons, peuvent se ranger dans une de ces deux catégories : musulmans ou fétichistes ; encore ajouterai-je tout de suite que c'est par extension que je considère le fétichisme comme une religion, puisque toute religion comporte une divinité et que les fétichistes n'en connaissent aucune et ne professent en réalité aucun culte, quel qu'il soit.

Nous verrons plus loin en quoi consistent leurs pratiques bizarres, qui, seules, dénotent chez eux une croyance quelconque à un surnaturel qu'ils ne précisent pas.

Les musulmans, au contraire, sont, dans ces régions lointaines, ce que nous les connaissons dans le nord de l'Afrique ; si quelques-uns modifient un peu le culte observé par les disciples de Mahomet plus civilisés, il n'y a là que des différences de rites sans importance et les grandes lignes générales de la religion du prophète restent les mêmes.

N'ayant à m'occuper dans la suite de ces notes que des races fétichistes, je me hâte de donner sur les races musulmanes quelques renseignements indispensables ; la première que nous rencontrons à notre arrivée à Saint-Louis est la race Yolof que j'ai mentionnée dans le chapitre précédent. Sur la rive droite du Sénégal, je citerai pour mémoire les Maures, peuples pillards et nomades qui ont conservé leur indépendance et sur lesquels il a été jusqu'à présent impossible de prendre une influence quelconque ; nos relations avec eux se bornent à des traités aussitôt violés que conclus. Nous n'aurons plus à nous en occuper, mais il convient de faire remarquer, en passant, qu'ils ont un caractère très particulier de pureté de race et d'isolement au milieu des autres populations de la Sénégambie.

Sur la rive gauche, c'est-à-dire dans le *Fouta Sénégalais*, le *Fouta Toro*, le *Damga*, le *Dismar*, nous trouvons les Toucouleurs, race excessivement guerrière et pillarde, soldats de l'islamisme, toujours prêts à combattre sous l'impulsion du fanatisme religieux ; là où la guerre éclate, on peut être sûr de les voir figurer parmi les plus acharnés combattants ; à leur amour pour la lutte, ils joignent une intelligence très vive, et beaucoup de nos officiciers et sous-officiers indigènes appartiennent à cette nation ; nous verrons plus loin la part que les Toucouleurs ont prise aux différents événements qui se sont produits depuis un demi-siècle dans le Soudan occidental.

Les Peulhs forment une race nombreuse disséminée sur une grande étendue de terrain, entre le Sénégal et le Niger, jusqu'au lac Tchad. Ils seraient, d'après le général Faidherbe, originaires de la basse Égypte; ce sont des pasteurs nomades qui vivent exclusivement du produit de leurs troupeaux; musulmans fanatiques, ils ont pénétré en conquérants dans le Soudan occidental, faisant partout de nombreux prosélytes.

C'est avec leur concours et celui des Toucouleurs qu'El-Adj-Omar a pu conquérir son vaste empire. Le rôle considérable joué par cet homme dans les dernières transformations de tout ce pays mérite d'appeler l'attention.

El-Adj-Omar a dû, comme César, Charlemagne et Napoléon, rêver l'établissement d'un vaste empire, réunissant sous une seule main de fer les peuples et les races épars autour du lieu de sa naissance.

Enhardi par le succès de ses armes, il n'a pas craint de se mesurer avec nous et d'organiser contre les *infidèles* une sorte de guerre sainte; profitant avec habileté du fanatisme des peuples qu'il avait soumis, il les a déchaînés contre nous en une masse avec laquelle il nous a fallu compter et dont les attaques ont failli nous coûter cher.

Vers 1850, après un voyage à la Mecque, il levait

une armée composée de Peulhs et de Toucouleurs à l'aide de laquelle il s'emparait du Fouta Djallon, franchissait ensuite le Sénégal à la tête de ses troupes auxquelles ce premier résultat avait donné confiance, et envahissait le Kaarta, d'où il expulsait les Bambaras.

En 1857, il mettait le siège devant le fort français de Médine ; battu et repoussé par le général Faidherbe, alors officier supérieur du génie, il rentrait dans le Fouta afin de lever une nouvelle armée, se dirigeait ensuite sur le Bélédougou, prenait le pays de Seïgou, le Massina et tous les pays riverains du Niger. Mais la révolte ne tarda pas à se manifester parmi les nombreuses peuplades récemment mises par lui sous le joug et encore à peine domptées, et il fut à son tour assiégé par les rebelles dans Hamdallahi, grande place forte du Massina ; il résista pendant plusieurs mois, d'une façon héroïque. Alors, trahi par un de ses neveux nommé Tidiani, il se vit réduit à la dernière extrémité et sur le point de tomber entre les mains des assaillants. Ne pouvant se donner la mort de ses propres mains sans violer la prescription du Coran qui défend le suicide, il donna l'ordre à l'un de ses fidèles de mettre le feu à un baril de poudre sur lequel il était assis.

El-Adj-Omar avait pris soin d'instituer son fils Amadou héritier de son vaste empire.

Mais le fils, qui n'était pas doué du même génie que son père, loin de développer l'œuvre de ce dernier, ne sut même pas la conserver intacte ; de plus, il eut à lutter dès le début contre des difficultés sans nombre. Les autres fils d'El-Adj-Omar, comprenant trop bien l'infériorité de leur frère et voyant s'effondrer son prestige, soulevèrent successivement contre lui les différentes tribus incorporées par leur père, tribus qui ne demandaient qu'à reprendre possession d'elles-mêmes. Ils espéraient ainsi reconstituer d'autre part, à leur profit, la fortune du conquérant ; mais si la domination d'Amadou sortit de ce mauvais pas amoindrie et délabrée, ses frères ne purent jamais, malgré les nombreux partisans qu'ils recrutèrent, atteindre le but qu'ils s'étaient proposé.

Aujourd'hui, Amadou passe avec nous des traités qui, si toutefois ils sont observés, sont pleins de promesses pour l'avenir.

Un de ses frères, Mountagua, vient de se faire sauter suivant la tradition paternelle. Quant aux autres, ils continuent à se révolter de temps en temps, sans que cela tire à conséquence. Il ne faudrait pas conclure de là que nous jouissions d'une tranquillité absolue en ce qui concerne Amadou ; si les apparences peuvent le faire croire, il est bon de ne pas oublier qu'en dépit de tous les traités, les musulmans sont et seront toujours nos pires ennemis, et il est à craindre que la première fois que l'occasion se présentera pour Amadou d'entraver notre marche, il s'empresse de le aire, s'il se sent assez fort pour en tenter l'aventure.

Sont encore à classer parmi les musulmans : les Soninkés ou Saracolets, qui habitent le Boundou, le Kamera et le Guoy, sur la rive gauche du Sénégal, entre le Fouta et le Kasso ; ce sont eux que nous rencontrerons plus tard sous le nom de Duilhas allant approvisionner d'armes, d'étoffes et de différents autres articles de traite, les marchés du haut Niger, où ils reçoivent, en échange de leurs importations, des esclaves, de l'or et des noix de kola, qu'ils revendront ensuite dans les villages de la Sénégambie.

Au premier rang des peuples fétichistes, nous placerons les Bambaras qui occupent le Bélédougou, le Fadougou et une partie du Kaarta ; mais en réalité il serait difficile de délimiter d'une façon bien précise les différents pays qu'ils habitent ; longtemps opprimés plutôt que soumis par El-Adj-Omar, les Bambaras fétichistes secouent aujourd'hui le joug détesté, sous lequel Amadou est, comme nous venons de le dire, impuissant à les tenir. Ils sont braves et recherchent les combats. Ennemis acharnés de l'islamisme, ils seront pour nous des auxiliaires précieux qui lutteront à un moment donné contre la domination musulmane dont l'influence néfaste est partout si pernicieuse au progrès des idées civilisatrices.

La question religieuse mise en avant par les Musulmans pour faire obstacle à l'établissement des blancs (*Keffirs*) ne peut, il faut bien le dire, cesser d'exister que par la division et l'anéantissement des peuples qui la défendent et qui sont les instruments inconscients de quelques chefs. Ces chefs sont en général des gens intelligents qui ne sont pas dupes eux-mêmes du mobile qu'ils invoquent pour combattre, et auxquels cette question servira longtemps encore de prétexte pour lever contre nous des masses bien difficiles à maîtriser en raison de leur nombre et de l'étendue du territoire sur lequel elles sont répandues.

Viennent ensuite les Malinkés qui habitent le Fouladougou et le pays de Kita ; ils sont fétichistes comme les Bambaras, mais ils ne possèdent pas le caractère belliqueux de ces derniers ; ils sont plutôt artisans et cultivateurs que guerriers.

Les Mandingkés occupent le pays montagneux compris au sud du Birgo, entre le Gadougou et la rive gauche du Niger ; ils ne semblent pas non plus être des guerriers bien terribles, car malgré les fortifications dont ils entourent leurs villages, ils les ont bien souvent abandonnés pour fuir les bandes musulmanes et se réfugier dans les montagnes presque inaccessibles, où ils se sentaient plus en sûreté que derrière leurs murs en terre ; leur goût les porte plutôt vers la culture.

Je ne vois guère, parmi les peuples fétichistes, que

s Kassonkés dont il soit bien difficile de tirer un
arti quelconque, leur génie propre semblant être le
ol et la paresse : ils habitent le Sogo, le Natiaga et le
asso, sur la rive gauche du haut Sénégal.

CHAPITRE III

Départ de Saint-Louis. — Navigation du fleuve.— Aspect des rives. — Richard-Toll. — Dagana. — Podor. — Saldé et Matam. — Abdoul Boubakar. — Trois transbordements successifs. — Arrivée à Kayes.

J'étais déjà depuis plusieurs mois à Saint-Louis; cinq de mes camarades avaient quitté cette résidence pour se rendre dans le haut fleuve; deux étaient morts et les autres rentraient malades, ne désirant nullement tenter une nouvelle expérience.

Des vivres, des munitions, du matériel, partaient journellement sur de grands chalands à destination de Kayes.

Deux compagnies d'infanterie de marine venaient de débarquer d'un transport arrivé de France; les tirailleurs sénégalais équipés étaient prêts à entrer en campagne, et moi, je ne voyais toujours pas venir l'ordre désiré qui devait me désigner pour faire partie de cette expédition. J'étais désespéré, me croyant condamné à rester éternellement à Saint-Louis, où les jours se succédaient lentement dans une monotonie qui me faisait prendre la ville en horreur, quand, le quinze octobre 1882, je reçus la note m'annonçant qu'à partir du vingt je devais être prêt à m'embar-

[...]er sur le premier aviso en partance pour le haut [Sé]négal.

Avec quel plaisir je m'occupai sans retard de mes [pr]éparatifs !

J'achetai des provisions de toutes sortes que j'em[b]allai soigneusement, car on ne devait compter dans le [ha]ut fleuve sur aucune des ressources les plus élé[m]entaires, et il fallait s'approvisionner de tout avant [de] partir.

Le vingt-deux octobre, à cinq heures du soir, le *[Ca]prade*, aviso de la station locale chargé de trans[po]rter la colonne dans le haut Sénégal, quittait le quai [ap]rès avoir lancé quelques coups de sifflet, emportant [à s]on bord les troupes destinées à lutter là-bas, bien [loi]n, au fond de cet immense pays, après des mois de [m]arches, de privations, de fatigues et de fièvre. Com[bi]en de ces pauvres jeunes gens partis, dans de mau[va]ises conditions sanitaires, ne sont point revenus, et [co]mbien la France a-t-elle perdu là de cœurs généreux [et] de vaillants défenseurs !

En effet, avant de *canarder les bounioules* (1), il fau[d]ra résister à la maladie ; le typhus vous attend à [c]haque pas fait en avant ; la dysenterie, les accès per[n]icieux feront bien des vides dans les rangs, et ceux [q]ui éviteront à ces premiers écueils marcheront en-

---

(1) Expression familière aux troupiers, et qui veut dire : tirer [su]r les noirs.

core pendant longtemps minés par l'anémie que les chaleurs torrides qu'ils auront à endurer détermineront fatalement chez eux.

Une fois en route, la moindre imprudence peut coûter la vie au malheureux qui la commet; il faut savoir surtout résister à la soif la plus ardente devant l'eau que l'on côtoie et qui vous invite à boire; succomber à la tentation serait s'exposer à l'invasion de la dysenterie, si redoutable sous ce climat; il faut se garder d'enlever même à l'ombre des tentes le casque de liège que l'on a reçu à l'arrivée; ce serait l'insolation... la mort.

Le *Laprade* est en route; le fleuve qu'il remonte est large et ses rives basses semblent à fleur d'eau. On voit fuir le long du navire cette longue côte de sable dorée par les derniers rayons du soleil couchant qui va disparaître au loin dans la mer bleue qu'on aperçoit encore.

A cette heure, tout est empreint d'une indéfinissable mélancolie et l'on est envahi par ce sentiment de tristesse et d'isolement qui s'empare de l'homme le moins impressionnable, en présence de l'immensité et de l'inéluctable inconnu, car personne n'ignore que pour peu de chances de retour il y a dans un court avenir mille menaces de rester ensevelis à jamais, loin de sa famille, de son pays, dans cette terre inhospitalière.

Sur la rive droite, les tentes sombres de quelques

…mpements maures tranchent nettement sur le sable. …n convoi de chameaux passse le long de la berge …lanche et les grands corps des animaux s'y profilent …omme de fantastiques ombres chinoises.

La nuit vient, rapide, sans laisser l'impression char…ante du crépuscule, car la transition lente n'existe …oint sous ces latitudes où tous les changements de la …ature ont une brusquerie que l'on ne rencontre nulle …art ailleurs.

Les troupiers se sont casés sur le pont, pêle-mêle, …omme ils ont pu : il y a peu de place pour tout ce …onde ; c'est la vie de campagne qui commence, pen…ant longtemps on ne saura plus ce que c'est qu'un lit, …ême lorsque viendra la maladie.

Le matin au point du jour nous sommes en face de …ichard-Toll.

Un village indigène d'où émergent de beaux pal…miers se trouve sur le bord du fleuve ; à quinze cents …mètres environ, dans un bouquet de verdure, on aper…çoit les murs du poste sur lequel flotte le pavillon fran…çais.

Richard-Toll, occupé aujourd'hui par quelques spahis, …avait été construit, — m'a-t-on dit, — plutôt pour ser…vir de sanitarium ou de maison de campagne au gou…verneur que comme poste militaire. Mais c'est un des …points les plus malsains du fleuve, et il ne fut guère …employé à ces usages.

Un magnifique potager, que la petite garnison cultive avec amour, produit de très beaux légumes qui sont en grande partie expédiés sur Saint-Louis.

Le sanglier abonde dans ces parages ; un officier de spahis de mes amis en tua plus de cent cinquante en six ou sept mois.

Généralement, on fait correspondre le départ des navires qui doivent remonter le fleuve avec l'arrivée du courrier de France, afin que le long de leur trajet ils en fassent la distribution dans les postes. — Le *Laprade* est dans ce cas, et après avoir déposé quelques lettres et journaux, nous nous remettons en marche.

Depuis la veille, le pays a complètement changé d'aspect ; maintenant les rives sont verdoyantes et cette végétation repose agréablement la vue, après la monotone blancheur de Saint-Louis. Des caïmans de toutes tailles se chauffent paresseusement au soleil, et nous regardent passer sans manifester la moindre inquiétude ; ces sauriens font certainement moins de cas de nous que les indigènes qui s'attroupent sur la berge.

La rive droite du fleuve semble inhabitée ; seuls des pélicans, des marabouts et de nombreuses espèces d'oiseaux aquatiques, troublés par notre passage, s'élèvent lourdement, avec de grands bruits d'ailes, pour aller s'ébattre plus loin, dans les plaines marécageuses.

De temps en temps, nous passons à côté de grands balands de commerce lourdement chargés de marchandises à destination des escales du Sénégal; les noirs qui forment leurs équipages sont sur la berge, d'où ils les hâlent au moyen d'une longue cordelle attachée en tête du mât. Quelques-uns de ces coches d'eau, toutes voiles dehors, descendent le fleuve favorisés par le courant et le vent, et passent rapidement le long de notre bord; les noirs qui les montent nous lancent des salutations bruyantes et inintelligibles.

Nous arrivons le soir à Dagana. Ce poste est une des grandes escales; presque toutes les maisons de commerce de Saint-Louis y ont des représentants au moment de la traite de gommes.

Le poste de Podor, où nous arrivons le lendemain, est considéré comme le point le plus chaud du globe; le thermomètre y atteint souvent 45° centigrades. Il y fait aussi un grand commerce de gommes.

La garnison de ces postes se compose d'un commandant civil, d'un officier, d'un médecin, de quelques hommes d'infanterie et d'artillerie de marine et de tirailleurs sénégalais.

Les jours suivants, nous voyons les tours de Saldé et de Matam.

C'est entre ces deux blockhaus que se trouve le royaume d'Abdoul Boubakar, chef Toucouleur, dont les hordes musulmanes ne cessent de nous causer les plus grands ennuis en coupant notre ligne télégraphique et en attaquant nos convois pendant la saison sèche, alors que les eaux trop basses ne permettent plus aux grands navires l'accès du fleuve, et nécessitent l'emploi des chalands.

Presque chaque année pourtant, des colonnes expéditionnaires sont envoyées sur cette côte pour réprimer ces déprédations; on y brûle des villages, on disperse les peuplades fanatiques, mais elles ne tardent pas à se reformer et à reconstruire leurs repaires.

Il y a quelques années, Abdoul Boubakar fut attiré dans un des postes commandé par un adjudant qui, trouvant l'occasion bonne, voulut le faire prisonnier; il télégraphia à Saint-Louis d'où il reçut l'ordre de ne pas retenir cette belle capture.

Au bout de huit jours de navigation, nous avons franchi les douze cents kilomètres environ qui séparent Saint-Louis de Bakel. La saison étant trop avancée et les eaux baissant avec rapidité, le *Laprade* ne peut aller plus loin sans compromettre son retour; il nous faut donc attendre qu'un aviso de plus petite taille vienne nous chercher pour nous transporter à Kayes.

Le premier novembre, à neuf heures du soir, le commandant supérieur de la colonne arrive de Saint-Louis et nous prend à bord de l'aviso à roues l'*Ecureuil* Ce bateau, encore trop grand, ne peut nous mener à destination et, dans la nuit du deux, le transbordement s'effectue, au milieu d'une confusion indescriptible, sur un troisième aviso, le *Podor*, venu de Kayes à notre rencontre.

Les troupiers, qui ne se rendent pas exactement compte de la longueur du trajet qu'ils ont encore à parcourir et se voient de jour en jour empilés sur des navires de plus en plus petits, se demandent avec une stupéfaction comique sur quel genre d'embarcation on les fera naviguer si le voyage doit encore durer quelques jours, et, en dépit de l'exiguïté du bâtiment qui ne permet pas seulement de s'allonger sur le pont pour finir la nuit, la gaîté du soldat français prenant le dessus, les saillies vont leur train.

Mais ces éclats de gaieté sont de courte durée et font place à de tristes réflexions chez tous ces jeunes soldats qui ne savent où ils vont, et qui sont malheureusement trop enclins à s'exagérer les dangers semés dans les pays qu'ils vont parcourir.

Quant à moi, ce voyage me semble ne devoir jamais finir.

J'ai fait des traversées de plusieurs mois en mer, et je n'ai jamais ressenti l'impression de malaise moral causée par cette navigation lente entre deux rives que l'on voit s'ouvrir à peine devant soi et se refermer aussitôt pendant de longs jours, sans que de vastes horizons éveillent au moins la curiosité en secouant la torpeur qui nous envahit tous ; on est comme obsédé par la préoccupation fixe de se sentir pénétrer profondément dans des pays d'ou l'on sait ne pouvoir pas sortir pendant un temps indéfini ; car, dès que les eaux seront basses, les navires ne viendront plus s'aventurer si loin, et si l'on tombe malade, si la santé exige un retour immédiat, c'est au moins un mois de route à tenter dans de pitoyables conditions pour se retrouver sur le littoral.

Chacun de nous est sous l'empire de ces réflexions peu rassurantes, que, par une sorte de fierté et de respect humain, il se garde de communiquer à ses compagnons, et l'impression cruelle n'en est que plus forte.

Enfin nous voici, non sans peine, parvenus à Kayes, sorte de chantier aux allures de campement où les cases nègres côtoient les bâtiments européens en construction ; le chemin de fer qui doit relier nos postes et aller jusqu'à Bamako, sur le Niger, est au début de son exécution ; il règne partout une activité dévorante : ici c'est le désordre d'un quai encombré de vivres et de matériel ; là, ce sont des ateliers sous des baraquements improvisés ; puis un peu partout des machines de toutes sortes, envoyées de France deux ou trois ans trop tôt ; sur un tronçon de voie ferrée de quelques dizaines de mètres sont posés des wagons qui jusqu'ici n'ont pu être utilisés et qu'on a transformés habitations ; quelques cases en terre de forme rectangulaire et à toiture de chaume servent d'infirmerie, d'hôpital, de bureaux pour l'administration, et de logement pour les employés. Au milieu de cette étrange confusion circule et grouille une population bizarre : ouvriers européens, chinois, marocains, laptots (1) et nègres de toutes races ; tout cela criant, s'agitant, portant des fardeaux.

Je me rends à une petite case que l'on vient de m'indiquer et j'y trouve mes deux collègues alités et grelottant la fièvre sous d'épaisses couvertures de laine. Leur accueil est aussi cordial que leur état peut le permettre, et ce sont des questions à n'en plus finir. Quelles nouvelles de Saint-Louis ? Que se passe-t-il en France ? Nous apportez-vous des journaux ? etc...

J'apprends par eux la mort d'un de nos amis arrivé à Kayes depuis quelques jours seulement ; cet événement les affecte d'autant plus qu'ils se sentent eux-mêmes bien fatigués. Comme leur logement n'est pas grand et qu'une chambre de malades ne me paraît pas un séjour très attrayant, j'installe mon campement au dehors ; un wagon placé parallèlement à l'un des murs de la case forme une espèce de couloir dont je ferme une des extrémités avec des caisses, j'étends au-dessus une couverture de laine en guise de toit pour me préserver du soleil pendant la journée et de la rosée

---

(1) Laptots, matelots nègres du Sénégal.

pendant la nuit ; une toile de tente remplie de paille me fait un lit : somme toute, j'ai un logement suffisamment confortable, et s'il ne pleut pas je pourrai attendre patiemment l'époque de mon départ pour le poste que je dois occuper.

Quant à la nourriture, indépendamment de la ration qui est allouée à tous les Européens, il y a encore un marché sur lequel on peut se procurer des volailles, des poissons et des œufs à des prix relativement modestes.

La colonne expéditionnaire se prépare à quitter Kayes où la fièvre typhoïde fait de grands ravages parmi les jeunes soldats. De plus, une épizootie a déjà réduit considérablement le nombre des chevaux disponibles pour la cavalerie ; des détachements partent tous les jours pour aller camper à quelques kilomètres de Sabouciré.

L'avant-veille du départ de mon détachement, un violent accès de fièvre me prend et m'empêche de le suivre. Au bout de quelques jours, à peine rétabli, je demande à rejoindre la colonne, mais le médecin s'y oppose. Je suis d'autant plus désolé de ce contre-temps que mes caisses de provisions sont en route sur Kita depuis près de huit jours et que je manque du strict nécessaire.

Je demande alors le poste de Médine qui est vacant, et on me l'accorde.

CHAPITRE IV

...édine. — Visite à Sambala, roi du Kasso. — Les femmes du Kasso. — Caractère et mœurs des Kassonkés. — Industrie des indigènes, leurs habitations. — Mariages. — Sépultures. — Les trois sortes de captifs.

Le fort de Médine, dont l'établissement remonte à ...55, fut construit sur un terrain acheté à Sambala, ...i du Kasso, moyennant une somme de 5000 fr. en ...gent et une rente annuelle de cadeaux d'une valeur ... 1200 fr.

Bâti en quelques jours, ce poste pouvait à peine, en ...57, contenir sa petite garnison qui se composait ... sept Européens et de vingt-deux soldats noirs com...andés par M. Paul Holle, commandant civil. Médine ...pporta, à cette époque, un siège de plusieurs mois ...ntre les armées d'El-Adj-Omar, le prophète Toucou-...ur dont j'ai dit précédemment quelques mots.

En 1857, Médine était encore le point extrême de ...otre occupation. Aujourd'hui, le vieux fort se trouve ...nfermé dans les nouveaux bâtiments dont il ne forme ...u'une très petite partie.

La ville de Médine est la résidence de Sambala, roi ...u Kasso. Accompagné d'Ousman Fall, l'interprète du ...oste, je vais, dès mon arrivée, faire ma visite à cette majesté nègre qui me reçoit fort bien en protestant de son amitié et de son dévouement pour tous les *Toubabs* (blancs) qui, me dit-il, lui font toujours des cadeaux. Je me vois obligé de m'exécuter et d'envoyer mon domestique Alionne Touré faire l'acquisition de quelques feuilles de tabac. Sambala me remercie chaleureusement et me promet que je serai toujours son ami. Ne connaissant pas encore beaucoup les Kassonkés (1), je prends cela pour argent comptant.

A peine rentré au fort, je reçois la visite de Damba Sambala, fils du roi et chef des armées ; ancien élève de l'école des Otages (2), il parle très bien le français, s'exprime même avec une certaine recherche, et paraît avoir appris beaucoup de choses au contact des blancs.

Pour lier connaissance, je lui offre du sirop, mais il me répond d'un air malin : « Je ne suis pas un marabout, je préfère prendre l'apéritif. Tu peux m'offrir une *verte*. » Je fais apporter de l'absinthe, et comme mon domestique s'apprête à lui donner de l'eau : « Merci, mon ami, garde ton eau pour toi. »

Et d'un trait il avale son absinthe, puis me demande une cigarette, me remercie et s'en va.

Une heure après, je le rencontre dans la cour du fort, complètement ivre par suite du nombre considé-

---

(1) *Ké* veut dire « hommes du ».
(2) Ecole qui avait été instituée par le général Faidherbe dans le but d'instruire les fils de rois et de chefs.

ble d'apéritifs qu'il a absorbés en rendant successivement visite à tous les blancs de la garnison.

Les Kassonkés sont généralement de grands et beaux hommes; un petit bonnet à deux visières pointues, qu'ils portent en arrière et légèrement incliné sur le côté, leur donne un air décidé. Ils sont vêtus d'un pantalon rappelant celui des zouaves mais beaucoup plus court et plus ample, un petit boubou tombant jusqu'à mi-jambes complète leur costume; le tout en étoffe du pays, teinte en jaune ou en brun.

Quant aux femmes, je crois qu'elles sont capables de me réconcilier avec leur couleur, car quelques-unes, surtout lorsqu'elles sont très jeunes, ont un type vraiment remarquable, mais elles ont le tort de se faire aux lèvres et aux gencives des piqûres avec de la teinture d'indigo, ce qui leur donne une vilaine couleur violette.

Leur coiffure est gracieuse et coquette. Un cimier de cinq à dix centimètres fait avec les cheveux finement travaillés surmonte la tête. Les cheveux sont ramenés en arrière sous forme de tresses; trois ou quatre nattes descendant du cimier viennent se poser sur la droite de la nuque; le tout surmonté de boules d'ambre, de menus coquillages blancs univalves, appelés coris (1), et de quelques pièces d'argent.

(1) Ces coquillages servent de monnaie du côté de Niger. 400 valent 5 fr.

Leur costume se compose, comme celui des femmes de Saint-Louis, d'un pagne beaucoup plus court et d'un boubou. Les jeunes filles remplacent ce dernier vêtement par un morceau de calicot blanc, attaché par deux coins autour du cou et qu'elles laissent pendre sur la poitrine comme une serviette. Elles sont très propres, toujours dans l'eau, et n'exhalent pas l'odeur désagréable particulière aux femmes Yolofs.

Elles n'ont pas non plus le nez large et épaté, ni les lèvres saillantes qui caractérisent la race noire; il n'est même pas rare d'en rencontrer dont les traits, d'une grande finesse, rappellent le type européen.

Le village de Médine, situé sur le versant d'une colline que surmonte le fort, est partagé en deux parties bien distinctes : celle occupée par les traitants est composée de maisonnettes en terre à toiture plate, tandis que le quartier habité par les Kassonkés n'est qu'une agglomération de cases rondes aux toits de chaume.

J'ai dit plus haut que les Kassonkés étaient généralement voleurs, paresseux et ivrognes. De plus, sans être braves, ils aiment la guerre ou plutôt le pillage; rencontrent-ils de la résistance, ils abandonnent le terrain et fuient sans vergogne s'ils sont pressés de trop près.

Demba Sambala me racontait un jour qu'étant allé avec sa *colonne* attaquer un village dont le nom m'échappe, il avait été repoussé par des hommes décidés, lui qui était à la tête de plus de quatre cents combattants. Comme je riais de cette défaite, il me dit :

« Que veux-tu, nos hommes étaient de mauvais chiens. »

Et me montrant un fusil Lefaucheux, cadeau d'un commandant du poste, il ajouta : « Et puis je n'avais plus que deux cartouches. »

Journellement des femmes et des enfants sont volés dans les alentours des villages ; un indigène même n'est pas en sûreté, s'il est sans armes et voyage la nuit ; il risque fort d'être suivi par deux ou trois malfaiteurs qui saisissent une occasion favorable pour se jeter sur lui, le bâillonner, lui lier les mains derrière le dos, et le conduire à un village voisin d'où il est ensuite dirigé sur le Bambouck, et vendu comme captif pour de la poudre d'or.

Les voleurs, sûrs de l'impunité, rentrent ensuite très tranquillement chez eux. En revanche, un blanc isolé, non armé, peut librement circuler de jour et de nuit dans tous les villages, sans plus de danger réel, sans plus de précautions, et avec bien moins de chances d'être insulté ou attaqué que s'il s'aventurait dans certains quartiers de nos grandes villes. Il n'en est pas de même à Saint-Louis, où nous avons tous les jours à déplorer des rixes violentes entre nos soldats et les indigènes ; mais ici n'existe pas cette haine sourde et vindicative du musulman contre le blanc ; ce sentiment est remplacé par un grand respect, auquel la crainte n'est pas étrangère. L'islamisme, qui a rencontré à Médine quelques adeptes, d'ailleurs peu fervents, tend plutôt à disparaître qu'à se développer. Il y a pourtant tous les soirs une classe faite par un marabout, mais, seuls, quelques enfants de traitants y assistent.

Dans le Kasso, comme chez presque toutes les peuplades du Sénégal et du Soudan français, l'industriel est considéré comme faisant partie d'une classe inférieure. Chaque corporation forme une espèce de franc-maçonnerie; les alliances ne peuvent se faire qu'entre gens du même métier, et comme ces métiers sont héréditaires, un individu ne peut changer sa condition de naissance. S'il est forgeron, il restera toute sa vie forgeron quand même il ne pratiquerait pas la profession de ses pères.

Les industries sont d'ailleurs peu nombreuses : le *nomou-hé* (forgeron), qui est en même temps bijoutier, armurier, potier, fabrique aussi les objets en bois tels que pilons à couscous, mortiers, petits bancs, coffrets, etc., etc.; certains forgerons jouent même le rôle de médecins et de sorciers, comme on le verra plus loin.

Le *kran-ké* (cordonnier) confectionne les chaussures, fait la sellerie, les sachets pour enfermer les amulettes.

Le tisserand est plutôt un captif qu'un insdustriel.

Le *diéli-ké* ou griot, c'est-à-dire, musicien, chanteur de louanges, se trouve placé au même niveau social que le forgeron; il est méprisé mais on le craint. Plus intelligent que le commun de la population, il exploite tout le monde, soit en chantant les louanges de ceux qui sont bons et généreux pour lui, soit en faisant chanter ou en insultant ceux dont il croit avoir à se plaindre

Un proverbe kassonké dit :

« Il vaut mieux avoir fait le mal toute sa vie, que d'avoir toujours fait le bien et être l'ennemi d'un griot. »

A la guerre il est toujours épargné; le vainqueur le prend à son service et le griot, qui, avant le combat, insultait et maudissait son nouveau maître, devient servile, chante victoire en son honneur. Il devient souvent le conseiller, le favori et même l'ami des chefs puissants. Le premier ministre de Samory, l'almany du Ouassoulou, est un griot, Oumar-Diali; c'est lui qui fut chargé de négocier avec nous au sujet d'une mission qu'allaient entreprendre nos officiers auprès de ce chef, avec lequel ils ont d'ailleurs passé un traité de paix.

Les griots et les forgerons vont à la guerre sans fusil; le port du sabre seulement leur est toléré; pendant le combat, le griot chante et excite les guerriers; le forgeron fait les petites réparations aux armes, remplit les fonctions de chirurgien, taille et tranche dans les chairs du blessé et extrait les balles.

Le jour de la circoncision, c'est encore le forgeron qui remplit l'office dévolu au sacrificateur chez les hébreux. L'instrument qu'il emploie dans cette circonstance est un couteau en fer mal aiguisé, produisant plutôt l'effet d'une scie que celui d'un instrument de chirurgie.

Ce sont les femmes de forgeron qui pratiquent l'excision sur les jeunes filles. Elles ont d'autres fonctions sans aucune similitude avec la première, et moins barbares : — ce sont elles qui édifient avec beaucoup de goût et d'habileté les coiffures des femmes et des hommes (1).

Je suis frappé, dans les fréquentes tournées que je fais dans les villages voisins, de la grande propreté des intérieurs kassonkés. Les murs des cases sont enduits d'une couche de terre glaise, sur laquelle, à l'aide de différentes teintes obtenues par des mélanges de vase, de cendres et de fiente de bœuf, l'indigène fait de naïfs dessins d'un cachet tout à fait local, représentant des mains, des pieds, et même des animaux. Quelquefois, ce sont aussi des modelages collés au mur et qui ont la prétention de représenter des seins de femmes de

---

(1) Les hommes portent une coiffure moins haute, mais presque semblable à celle des femmes.

tous les âges, par conséquent de toutes les formes, ou bien encore des caïmans dont le dos est incrusté de coques d'arachides qui simulent les rugosités de la peau de ces sauriens.

Le mobilier se compose d'un lit élevé sur six ou huit piquets avec des traverses de bambous recouvertes d'une natte en guise de sommier. Des jarres, des calebasses et un coffret complètent l'ameublement.

La porte de la case est faite d'une ou de deux grosses planches taillées à coups de hache et se fermant au moyen d'une serrure en bois d'un système qui, bien que primitif, est très ingénieux. Les cases ne sont guère habitables qu'à l'époque des pluies; pendant la saison sèche, il y fait si chaud et les nuits sont si belles que l'indigène préfère s'étendre dehors sur sa natte. Ce que nous appellerions en Europe un appartement est représenté ici par une réunion de cases s'ouvrant toutes sur une cour circulaire : généralement plusieurs de ces cases sont réservées aux femmes du chef de famille qui vient à son choix demander l'hospitalité à l'une ou à l'autre; il y a ensuite les cuisines, les greniers à mil, les logements des esclaves, et enfin la plus grande de ces cases est destinée à recevoir les étrangers de passage. Elle est munie de deux ouvertures, dont l'une sur l'extérieur et l'autre sur la cour : la première sert en même temps de porte d'entrée.

Si l'intérieur des cases est propre, on ne peut guère en

dire autant des abords. Soit paresse, soit insouciance ou négligence, le noir extrait la terre nécessaire à la construction de son habitation à deux ou trois mètres de l'endroit qu'il a choisi pour l'édifier, il en résulte d'énormes creux, dans lesquels on jette pour les combler les ordures et les détritus de toutes sortes provenant des ménages.

Sous l'action du soleil et de la pluie, ces agglomérations d'immondices fermentent et deviennent de redoutables foyers d'infection, qui contribuent à développer les épidémies assez fréquentes dans les villages populeux. Quelquefois aussi, après de fortes pluies, un éboulement se produit et la case retombe dans le trou d'où elle était sortie; ou bien encore ce trou placé trop près du chemin devient un danger pour la circulation pendant la nuit.

S'il a beaucoup de défauts, le Kassonké a au moins une qualité que possèdent d'ailleurs presque tous les nègres : l'hospitalité est une vertu naturelle chez lui : le premier venu peut s'approcher de la calebasse de couscous, y manger et s'en aller, sans seulement remercier, absolument comme si la nourriture qu'il vient de prendre lui était due. C'est ce qui explique pourquoi les noirs entreprennent de longs voyages avec une très petite provision de vivres auxquels ils ne touchent que lorsqu'ils ne rencontrent pas de villages sur leur chemin.

Un jeune homme qui désire se marier et dont le choix est fait doit principalement s'occuper des parents de la jeune fille, qui semble désintéressée de la question ; d'ailleurs, son consentement n'est pas nécessaire et au besoin la violence viendrait à bout de ses résistances.

Avant le mariage, la dot, ou plutôt le prix que le jeune homme devra payer aux parents est débattu ; il promet par exemple deux esclaves, un bœuf, quelques pièces de guinée, etc... S'il ne peut tout donner immédiatement, il verse un acompte en s'engageant à payer le surplus après le mariage, et naturellement il ne se presse guère par la suite de satisfaire à cet engagement. Des parents méfiants exigent quelquefois que tout soit payé d'avance, mais ce sont là de rares exceptions.

Un homme peut retenir pour l'avenir une fillette de l'âge le plus tendre ; dans ce cas, il paie des arrhes qui lui seront restitués plus tard si le mariage n'a pas lieu ; mais il faut que ce soient les parents qui renoncent à la réalisation du projet ; le jeune homme ne peut rien réclamer hors le cas où sa fiancée aurait tenu une conduite trop scandaleuse, fait bien rare, car dès qu'elle a atteint l'âge de puberté, une douzaine d'années environ, les parents s'empressent de l'envoyer à son mari.

Le jour du mariage, la jeune fiancée, la tête couverte d'un voile blanc, assez épais pour défier les regards, est conduite au domicile conjugal. Elle est accompagnée par un cortège de femmes portant sur la tête la corbeille qui se compose de calebasses neuves pleines de riz, de mil, de maïs, d'arachides, etc., des paniers de coton encore en grains, des jarres en terre cuite, des petits bancs en bois, des nattes, des paniers pour la préparation du couscous, des mortiers, des pilons, en un mot tout l'outillage nécessaire à un ménage nègre. Ces présents proviennent des parents et des amis ; ce sont les cadeaux de noce. Le cortège est donc d'autant plus nombreux que la mariée compte plus d'amis.

Arrivée chez son fiancé, la jeune fille, accompagnée de ses compagnes et de quelques matrones chargées de l'initier au mystère, pénètre dans la case, tandis qu'au dehors le tam-tam résonne. Elle reçoit sans ôter son voile les compliments de toutes les femmes du village ; l'entrée de la case est rigoureusement interdite aux hommes.

Les griots ne tarissent point d'éloges sur les grâces, les vertus et la beauté de la jeune mariée, fût-elle la laideur même. Ils exaltent les nobles qualités du jeune homme et citent ses exploits. A un moment donné, comme pour se soustraire à tant d'hommages, le jeune marié se retire, feignant de prendre des précautions pour ne pas être vu, et s'élance dans la case ; mais comme tout le monde a les yeux sur lui, ce n'est qu'une simple formalité. A peine a-t-il pénétré dans le sanctuaire que les tam-tams résonnent avec plus de fureur; les salves de mousqueterie éclatent et font trembler le sol; les femmes frappent dans leurs mains avec frénésie en chantant l'épithalame, et le bruit qui peut se produire à l'intérieur de la case est couvert par le vacarme qui continue jusqu'à une heure avancée dans la nuit.

Ces mariages ne sont donc consacrés par aucune cérémonie religieuse.

Bien que la polygamie existe, la première femme épousée reste toujours la maîtresse suprême de la case; les autres sont presque des servantes : si la discorde éclate entre elles, elles sont vite ramenées à des sentiments de paix par de bonnes corrections que le maître leur partage avec une égalité remarquable. — Un homme peut prendre comme femme une de ses captives, mais celle-ci n'acquiert réellement des droits de légitimité que le jour où elle est mère; si elle reste stérile, elle peut être vendue, car pour le noir les enfants constituent une véritable fortune, les filles surtout, qui, si elles sont jolies, peuvent être mariées avantageusement pour la famille.

Les fétichistes semblent ne pas avoir un grand culte pour les morts. A part un cimetière entièrement réservé aux musulmans et les tombes de l'année dispersées dans les villages, on ne voit guère de traces de sépulture.

Seuls les personnages de qualité sont l'objet de quelques démonstrations au moment de leur mort ; on les enterre dans le voisinage de leur habitation, ou même dans la cour. Les corps des captifs sont traînés à une certaine distance et abandonnés aux vautours et aux hyènes qui en peu de temps se chargent de les faire disparaître.

Dès qu'une personnalité un peu marquante est morte, les femmes du village viennent se joindre aux parentes du défunt ; alors toutes ensemble poussent des cris aigus et plaintifs ; mais en réalité, à part deux ou trois intéressées, elles ont toutes les yeux secs ; puis les amis du mort tirent quelques coups de fusil en signe d'adieu et l'on descend le cadavre dans la fosse en ayant soin de le placer sur le côté droit, la face tournée vers l'Orient, coutume empruntée sans doute aux sectateurs de Mahomet. — Quand les regrets ont été suffisamment exprimés par les griots qui se font les interprètes de la famille, on construit une voûte à 60 centimètres au-dessus du corps, à l'aide de rondins de bois sur lesquels on pose une natte ou des feuilles d'arbre ; la terre est ensuite rapportée sur cette voûte et forme ainsi un monticule ; à l'emplacement de la tête on met une pierre. — Le poids de la terre est considérable, et comme la voûte n'a pas de solidité, au bout de quelque temps elle s'effondre et la tombe finit par se trouver au niveau du sol. Un beau jour, la pierre mise à la tête gêne dans la cour, on l'enlève; c'est le signal et comme le premier symptôme de l'oubli, la douleur étant fugitive chez toutes ces races primitives.

Pour l'ensevelissement des femmes, on ne pousse pas de cris de douleur; à cela près, la cérémonie est la même que pour les hommes.

La succession du mort ne revient ni aux femmes, ni aux enfants, mais au plus âgé des frères du défunt, qui prend alors possession des cases, des habitations, des troupeaux et même de ses belles-sœurs. Si c'est un captif qui meurt, alors même qu'il serait arrivé à une haute situation, tous ses biens reviennent à son maître. Ceci peut paraître naturel, avec l'idée qu'on se fait généralement du captif; mais il ne faut pas confondre le captif avec l'esclave de traite.

Il y a trois sortes de captifs ou esclaves : celui appelé *captif de case* est né de parents qui depuis plusieurs générations font partie des biens d'une famille; il ne peut être vendu que pour une faute particulièrement grave, et encore est-il très rare qu'un chef arrive à cette extrémité, car il encourrait la réprobation des autres chefs et le mépris de ses propres captifs. Le captif de case peut être appelé à remplacer son maître et à prendre ses intérêts dans des affaires délicates; il fait pour ainsi dire partie de la famille ; c'est l'affranchi de l'ancienne Rome.

Le *captif de lougan* (1), c'est-à-dire celui qui est chargé de la culture et des travaux divers; acheté jeune il a grandi avec les enfants de son maître; il est aimé, on tient à lui et il est généralement heureux.

Enfin le *captif de traite*; c'est le plus misérable, il est considéré comme une marchandise, changeant à chaque instant de maître, malmené, voyageant de caravane en caravane, sous les coups des duilhas (traitants), sans vêtements, à peine nourri, chargé comme une bête de somme; s'il tombe en route, malade, épuisé, on le laisse mourir en pleine brousse, l'exposant ainsi à de longues souffrances, en attendant qu'il devienne la proie des fauves.

Voilà la plaie, qui malheureusement sera longue à guérir.

Le plus grand désir de l'autorité supérieure serait de mettre fin à cet état de choses, et c'est là que tendent tous ses efforts. Mais si l'on étudie la question, on voit qu'il serait peut-être imprudent, sinon impossible, de le faire cesser radicalement avant de longues années. Nous en avons eu un exemple concluant, pendant la campagne du colonel Frey, en 1885.

On mit en liberté plusieurs caravanes d'esclaves achetés dans les états de Samory (chef musulman alors en guerre avec nous), et cette mesure eut pour effet de faire cesser, pendant près d'un an, tout commerce

---

(1) *Lougan*, champ de culture.

dans le voisinage de nos postes. D'ailleurs, la vente des noirs n'en continua pas moins, mais les caravanes, au lieu de suivre la route reliant nos postes, faisaient de longs détours et échappaient ainsi à notre contrôle. Quant aux esclaves, ceux qui ne moururent pas de misère et de faim au bout de peu de temps ne tardèrent pas à tomber entre les mains de nouveaux maîtres.

Les caravanes ne sont pour la plus grande partie composées que de femmes et d'enfants ; les hommes, toujours disposés à s'enfuir et à tout mettre en œuvre pour reconquérir leur liberté, n'ont que peu de valeur, et sont généralement massacrés à la suite des combats.

CHAPITRE V

Succession des saisons au Sénégal. — L'hivernage et la végétation. — L'agriculture des indigènes. — Le Diiné. — L'amante du Diiné.

Au mois de mai, je fus rappelé à Kayes. Déjà se faisaient sentir les premières *tornades* (1) qui soulèvent et chassent devant elles avec furie une poussière rouge et brûlante dont les nuages épais obscurcissent le ciel. L'aspect du pays est désolé : tout est grillé par six mois d'une sécheresse torride. Puis viennent les premières pluies avec leur cortège de maladies ; à peine quelques ondées ont-elles apporté un peu de fraîcheur, que déjà l'atmosphère est saturée d'effluves pestilentiels.

Enfin, arrive l'hivernage, aux journées chaudes, humides, étouffantes, pendant lesquelles l'homme le plus fort et le mieux constitué marche courbé et chancelant comme un vieillard ; tout le monde devient triste ; le moral s'affaiblit et malheur à celui qui se laisse trop facilement aller à de sombres pensées : du découragement et de l'ennui à la mort il n'y a pas loin, sous cette latitude.

(1) Coups de vent d'une violence extrême, venant de l'Est.

Presque chaque jour, d'ailleurs, nous avons à déplorer la perte de quelques-uns de nos compagnons.

Des navires d'assez fort tonnage viennent à la hâte jeter sur nos quais des milliers de caisses, en prévision de la campagne prochaine, et fuient comme s'ils craignaient de séjourner trop longtemps sur ces rives empoisonnées où tout parle de maladie et de mort.

Si l'homme souffre, en revanche la végétation devient luxuriante : partout croît une herbe vivace qui envahit même nos cases humides. Dans toute cette verdure naissent des myriades de moustiques dont les bourdonnements agaçants et les piqûres brûlantes rendent encore plus pénibles les longues nuits d'insomnie des malades.

Nos cases, dont les toitures en paille sont d'une confection trop rudimentaire, ne nous offrent même pas un abri suffisant; chaque fois que la pluie tombe avec un peu de force, nos lits, notre linge et nos vêtements sont mouillés.

A cette époque de l'année, qui est en Europe la belle saison au ciel bleu et à la douce chaleur, le Sénégal devient un large torrent, des crues de plusieurs mètres ont lieu dans l'espace d'une heure ou deux, et les eaux boueuses qui en résultent charrient des végétaux arrachés du sol, des arbres et des épaves de toutes sortes.

Les rives subissent chaque année, par suite de ces crues subites et considérables, des transformations sensibles : à de certains endroits, des villages construits assez loin du fleuve se trouvent, en peu d'années, presque sur ses bords, et il arrive souvent que les cases trop rapprochées soient entraînées par les éboulements. Plusieurs de nos postes du bas fleuve sont appelés à subir ce sort : les tours de Saldé et de Matam, par exemple ; il en est de même du poste de Dagana, dont le beau quai en briques construit par le général Faidherbe a déjà été séparé de la terre ferme et n'est plus qu'une ruine dont l'existence ne peut être de longue durée.

Dès les premières pluies, c'est-à-dire en juillet, les indigènes ensemencent leurs lougans de mil, de maïs, d'arachide, de riz, de *fonio* (sorte de petite graminée rappelant le tapioca), de *mebé* (haricot du pays très petit et d'un goût sucré), etc., etc.

Le mode de culture est des plus simples et des plus primitifs. Les défrichements ne sont faits que bien imparfaitement à l'aide du feu mis aux broussailles sur la fin de la saison sèche. La terre est ensuite légèrement grattée avec une petite pioche large et recourbée dont le manche est très court. Cette opération a pour but de débarrasser le sol des racines d'herbes sèches, qui, sous l'action de la pluie, pourraient reprendre de la vigueur. Les graines sont ensuite plantées à un pied les unes des autres, presque à la surface du sol ; les récoltes se font vers le mois de novembre.

Outre les graines alimentaires, le noir cultive également le coton avec lequel il tisse de jolies étoffes sous forme de bandes larges de 10 à 15 centimètres ; il récolte aussi l'indigo dont il tire parti en l'employant, d'une façon assez adroite, à la teinture des étoffes du pays.

Il fait de nombreuses plantations de tabac d'une qualité très médiocre ; la feuille en est velue et gélatineuse ; la tige devient très haute et dépasse souvent un mètre cinquante centimètres. Mal préparé par les indigènes, ce tabac est impropre à la consommation des Européens. Aussi à Kayes, à Médine et dans les villages pouvant se procurer du tabac français, la culture en est devenue insignifiante.

Sous forme de feuilles entières, le tabac français représente une valeur d'échange très appréciée ; car les hommes et les femmes en font une grande consommation et, chose triste à dire, les jeunes filles ne se contentent pas de fumer, mais prisent d'une façon immodérée et se bourrent le nez de tabac.

L'emploi du tabac à priser est pour le noir une véritable passion et, ne trouvant pas celui que nous leur donnons assez fort, les indigènes le mélangent avec une certaine quantité de potasse obtenue par la calcination des tiges de maïs.

Ainsi que je l'ai dit, le pays change complètement d'aspect pendant l'hivernage, les villages disparaissent presque sous une abondante végétation, et il n'est pas toujours aisé de se guider parmi les longues tiges de mil qui dépassent la hauteur d'un homme à cheval.

C'est l'époque favorable aux légendes et aux histoires fantastiques; l'intérieur des cases rappelle celui de nos chaumières pendant les longues veillées d'hiver et le surnaturel hante toutes les imaginations.

Accroupies autour de quelques tisons fumeux qui par intermittence jettent un peu de clarté dans la case, les femmes racontent à tour de rôle des histoires déjà cent fois répétées, mais qui, agrémentées par l'imagination de la conteuse, captivent toujours l'auditoire. Le récit est d'autant mieux fait, que les phrases ne sont pas coupées et qu'il a le ton d'un récitatif.

L'être surnaturel, objet de tous ces contes, se nomme *Diiné* : c'est une espèce de loup-garou dont les femmes ne prononcent le nom qu'avec crainte et mystère. Aux seuls mots : voici le Diiné, elles se couvrent le visage de leurs mains et les enfants se cachent en tremblant. Ce génie qui inspire tant de terreur habite dans les arbres ; aussi les indigènes choisissent-ils toujours pour construire leurs villages des endroits complètement dépourvus de végétation et d'ombrages. Chaque village pourtant a son Diiné, et comme il faut le loger, on lui laisse un ou deux gros arbres qui abritent la place des *palabres* (1) et des tam-tams.

Demandez à un noir s'il a vu cet être mytérieux, il vous répondra presque invariablement — oui —, avec un sang-froid et un aplomb imperturbables. Les naturels, si enclins à la superstition et au mystère, le décrivent sous les formes les plus bizarres : tantôt avec un corps d'homme et une tête de panthère, noire d'un côté et blanche de l'autre ; tantôt avec un corps d'hyène et une tête de cheval surmontée d'une paire de cornes ; en un mot, ils lui accordent volontiers dans leurs descriptions tout ce que l'imagination peut créer de plus fantastique.

Le Diiné, au dire des noirs, se marie quelquefois avec de simples mortelles ; les jeunes filles folles sont naturellement considérées comme ses épouses.

J'ai vu dans un village voisin de Médine une jeune idiote épileptique. Chaque fois que la malheureuse était prise de convulsions, les griots venaient en chantant demander grâce au Diiné qui, disait-on, battait sa femme. Cette jeune fille allait le soir faire des promenades dans la campagne, et avait la manie de ramasser tout ce qu'elle rencontrait sur la grande route ; elle revenait toujours à sa case chargée de bois, de pierres ou de sable.

Je ne sais ce qu'elle rencontra un soir, mais elle devint grosse et accoucha d'un enfant mort-né.

(1) *Palabre*, conciliabule.

A mon avis, les ouvriers marocains campés sur la ligne du chemin de fer en construction ne furent pas étrangers à cette aventure, et voulurent réellement orner la tête du Diiné du bois que sa prétendue femme s'appropriait dans la campagne.

CHAPITRE VI

Longtou. — Les chutes du Félou — Oussoufi, chef du village ; sa duplicité — Rixe entre mes hommes et son escorte. — Oussoufi m'offre sa fille en mariage. — Rôle qu'il lui attribue. — Sa déception.

Dans les premiers jours de janvier 1883 je fus désigné pour prendre le commandement du poste de Longtou, situé à 16 kilomètres de Kayes, sur les chutes dites « du Félou ». Ce petit poste, qui n'existe plus depuis que le chemin de fer permet de transporter rapidement les vivres et le matériel de la colonne et ceux des postes avancés, ne possédait aucun bâtiment en maçonnerie. Chaque année, au commencement de la campagne, on le construisait d'une façon tout à fait élémentaire et économique : quatre grands hangars en charpentes de bois recouverts de paille, destinés à servir de magasins de transit ; une grande case carrée très confortable, dans laquelle logeait le chef du poste, et quelques autres cases à la mode du pays pour les homme de la petite garnison, composée de trois Européens, d'une dizaine de tirailleurs sénégalais, et d'une centaine de laptots formant les équipages des chalands et des pirogues destinés aux transports effectués aujourd'hui par le chemin de fer. — C'était tout.

Le poste est situé sur la rive gauche du bief supérieur des chutes. Le Sénégal, très large à cet endroit, est retenu par un barrage naturel et forme une espèce de lac dont le trop plein s'échappe à travers les rochers creux des chutes dans lesquels ses flots écumants bondissent en mugissant puis vont se perdre dans les eaux sombres et profondes du bief inférieur.

On ne s'habitue que graduellement au bruit de ces cascades ou plutôt de ce torrent, qui, pendant le calme de la nuit, au milieu de cette nature sauvage, prend des proportions effrayantes. Parfois, c'est un craquement terrible comme si, rompant les digues qui les contiennent, les eaux s'échappaient avec fureur en entraînant dans leur chute d'énormes blocs de rocher; ou bien on croit entendre les gémissements de grands arbres tourmentés par les efforts de la tempête.

De temps en temps, le rugissement d'un lion se mêle aux aboiements des singes cynocéphales qui peuplent la rive droite, les puissants hennissements des hippopotames s'ébattant dans les eaux profondes se répercutent en grondements de tonnerre à travers les cavernes humides des chutes; la plainte lugubre des hyènes à la recherche de leur immonde proie, puis les oiseaux de nuit, qui jettent en volant leur note discordante de crécelle, tous ces bruits vous tiennent en éveil et produisent sur votre imagination une impression indéfinissable. Le sommeil est à chaque instant interrompu; et ce n'est qu'au bout de quelques jours que l'habitude vous familiarise avec ce tapage.

A quelques centaines de mètres du poste se trouve le village indigène de Longtou dont le chef est Oussoufi, l'aîné des frères de Sambala, roi du Kasso, et, par conséquent, l'héritier présomptif de la couronne.

Ce village n'est autre chose qu'un repaire de brigands; les habitants, encouragés par leur chef, semblent placer leur amour-propre dans l'exercice de la rapine et du pillage.

Fin et astucieux, Oussoufi fut avec moi d'une servilité telle que, dans les premiers temps, je l'avoue à ma honte, il sut capter ma confiance au point de faire de moi sa dupe.

Une semaine environ après ma prise de possession de mon nouveau poste, je fis appeler Oussoufi pour traiter une affaire de service. Il s'empressa de se rendre à mon invitation accompagné d'une dizaine d'hommes armés. Suivant l'usage, le factionnaire placé à la porte d'entrée exigea que les sabres et les fusils fussent déposés dans une case servant de corps de garde. Les hommes de l'escorte d'Oussoufi refusèrent de se soumettre à cette formalité, et une discussion très vive s'engagea entre eux et le factionnaire qui, fidèle à sa consigne, requit quelques-uns de ses camarades pour lui prêter main-forte. Des paroles on en vint rapidement aux gestes, et les tirailleurs qui, par nature, ne souhaitent que plaies et bosses administrèrent çà et là quelques coups de crosse qui eurent pour effet d'exaspérer la fureur des Kassonkés.

Oussoufi, très calme, au milieu de cette bagarre, vient me trouver et se plaint de la brutalité des soldats qui, me dit-il, ont déjà blessé plusieurs de ses hommes. Je me rends sur le lieu de la scène juste à temps pour empêcher l'effusion du sang; car au moment de mon intervention les sabres sont au clair et les tirailleurs ont mis la baïonnette au canon. — Ma présence suffit à ramener le calme, et après m'être fait expliquer ce qui s'était passé, j'exige d'Oussoufi qu'il me livre ses hommes que j'envoie à Médine sous bonne escorte pour être emprisonnés.

Il se soumet à cet ordre avec une patience mielleuse, me disant qu'il sait trop le respect et l'obéissance qu'il doit aux blancs pour ne pas punir lui-même les coupables de toute tentative d'insubordination. Je lui reproche de ne point avoir usé de son autorité pour faire exécuter une consigne qu'il ne peut méconnaître puisqu'elle existe dans tous les postes. Il s'excuse et nous en restons là. Trois jours après, deux tirailleurs en permission assistent, dans le village, à un tam-tam, lorsqu'un jeune parent d'Oussoufi leur intime l'ordre de sortir du cercle des danseurs; les tirailleurs ne tiennent aucun compte des menaces du jeune homme et continuent à danser. Celui-ci, armé d'un fouet, s'avance alors sur eux. — Impatientés par tant d'arrogance, ils répliquent que jamais un chien de Kassonké n'aura le droit ni le pouvoir de commander à des soldats français, à plus forte raison de les frapper. Les Kassonkés, qui n'attendent qu'une occasion de se venger de leur échec de l'avant-veille, s'élancent sur les tirailleurs et les frappent à coups de bâtons.

Aussitôt prévenu, j'envoie une patrouille au village pour saisir et ramener les coupables ; mais, avertis sans doute, les Kassonkés ont abandonné la place, laissant les deux tirailleurs à moitié assommés.

Paraissant toujours très contrarié de ces discordes entre ses hommes et les miens, Oussoufi vient me trouver dès le matin et me dit qu'il se rend à Médine pour informer Sambala de la conduite des Kassonkés ; de mon côté j'adresse ma plainte au commandant supérieur qui fait changer la garnison du poste sans donner d'autre suite à l'affaire.

Oussoufi, je le sus plus tard, au lieu d'aller à Médine, s'était rendu à Kayes, où il plaida si bien la cause de ses hommes, que les tirailleurs furent accusés de leur avoir cherché querelle.

Afin d'éviter le retour de tels faits, des ordres sont donnés aux hommes de ma nouvelle garnison, qui, sous aucun prétexte, ne doivent mettre les pieds au village.

Comprenant que je ne devais plus être dupe de ses perfidies, Oussoufi ne cesssait cependant de me combler de ses prévenances. C'était des œufs, du lait qu'il me faisait porter par les plus jolies filles du village. il ne venait jamais lui-même sans m'offrir des volailles. Il apprit que j'aimais les écrevisses, et chaque jour il en faisait pêcher à mon intention. Enfin, ne sachant comment m'être agréable, il m'offrit une de ses filles en mariage.

Il me faut entrer ici dans quelques détails qui, pour paraître un peu intimes aux esprits timorés, n'en ont pas moins un grand intérêt au point de vue de la connaissance exacte des mœurs du pays. Les alliances comme celle que me proposait Oussoufi, sans être communes à cette époque, se produisaient quelquefois ; elles sont devenues par la suite de plus en plus fréquentes, et il est rare à présent, malgré la répugnance qu'on éprouve au début pour la race noire, qu'après un séjour prolongé, les officiers et les fonctionnaires ne laissent en partant une jeune femme qu'ils ont eue, soit par leurs relations avec les chefs, soit en l'achetant aux parents ou même à des traitants. De ces unions naissent généralement des enfants mûlâtres qui sont appelés à devenir les véritables maîtres du pays, par leur intelligence supérieure à celle du noir, et par l'immunité dont ils jouissent sous le rapport des maladies dues au climat, maladies qui ne les atteignent presque jamais.

La fille d'Oussoufi a quatorze ans environ ; elle est jolie ; à la proposition que son père me fait en sa présence elle sourit en découvrant deux belles rangées de dents blanches comme du lait.

J'acceptai et, après l'envoi d'un cadeau de quinze pièces de guinée, je célébrai mon mariage au milieu des salves de mousqueterie et des battements des tamtams.

Oussoufi continue à se montrer charmant, il redouble d'attentions et me remercie chaque jour de faire le bonheur de sa fille.

De son côté, la jeune Moussô est une excellente personne, très gaie, très paresseuse et très gourmande, avalant la confiture par pots, volant mon sucre et buvant du sirop comme de l'eau claire.

Elle passe son temps à se balancer dans un hamac pendant que deux griots attachés à sa personne chantent ses louanges en s'accompagnant d'une petite guitare à trois cordes. Elle prodigue les ablutions quotidiennes, se jette à l'eau à tout moment et nage comme un poisson, narguant les caïmans contre l'attaque desquels elle a du reste un grigri (amulette) d'une efficacité absolue.

Moussô apprend assez vite le français, mais elle retient surtout les mots grossiers que les tirailleurs ne se font pas faute d'employer à tous propos, avec une prononciation des plus drôles, pour montrer aux autres noirs combien ils leurs sont supérieurs. Elle est coquette et fait une consommation immodérée de savon, d'eau de Cologne et de toute la parfumerie qu'elle trouve chez moi. En un mot, c'est une perle... noire.

Oussoufi croyait bien, en me la donnant, qu'il installait une alliée dans la place pour me tromper plus facilement ; mais il fut déçu dans ses espérances, et Moussô devint pour moi, malgré ses défauts, un auxiliaire précieux, et me fit ouvrir les yeux sur des choses que j'aurais toujours laissé passer inaperçues.

Un matin on s'aperçoit qu'un bœuf a été volé pendant la nuit au parc du poste. Je fais prévenir Oussoufi de venir me fournir des explications au sujet de ce vol qui ne pouvait avoir été commis que par les habitants de son village, et je le somme de retrouver le coupable avant la nuit, ou de payer une amende de deux bœufs.

Il revient bientôt et me fait ramener le corps du délit par un noir qu'il me désigne comme le voleur, en ajoutant qu'il se charge de lui infliger la correction qu'il mérite.

En effet, le même soir, nous entendons pousser des cris plaintifs qui nous confirment l'exactitude des paroles du chef, et indiquent que la corde fait son office, mais le lendemain j'apprends par Moussô que le vrai voleur est Oussoufi, qui avait fait enlever le bœuf; l'obligation où il se trouvait d'en donner deux lui avait suggéré l'idée de faire jouer le rôle du voleur à un de ses hommes, et les cris entendus n'avaient été qu'une feinte pour me convaincre qu'une punition était réellement infligée au soi-disant coupable.

CHAPITRE VII

Le gibier à Longtou. — Préparatifs de chasse. — Traversée périlleuse. — Chasse à l'hippopotame. — Prudence excessive de notre guide.

Les environs de Longtou sont très giboyeux ; la rive droite du fleuve est particulièrement peuplée de buffles, de gazelles, de lièvres, de perdrix, de pintades, etc.

Armés de mauvais fusils à pierre dont ils se servent maladroitement et sans viser, les noirs ne tirent guère qu'à bout portant les pièces qui offrent à leurs balles une large surface. Ils ne font aucun cas de la chair de sanglier dont nos troupiers peuvent, moyennant un franc, se procurer des quartiers de 10 à 20 kilogrammes.

L'hippopotame, au contraire, est très apprécié à cause de l'abondance de graisse qu'il fournit : sa chair du reste est bonne et salubre ; aussi le jour où un chasseur heureux a pu en tuer un, il y a fête dans le village pendant plusieurs jours ; mais la chose est si rare, qu'à Longtou on ne cite que quelques hommes qui se soient rendus célèbres par ce haut fait ; l'un d'eux, qui existe encore, se repose sur ses lauriers, car depuis sept ans il n'a jamais pu en tuer d'autres.

Désirant en tenter l'aventure, je propose à ce héros

de venir m'accompagner. Il accepte, mais à la condition que je mettrai à mon cou, à mes bras et à ma ceinture des amulettes qu'il me procurera et qui ont des vertus extraordinaires. Je m'affuble de tous ces sachets sales et graisseux, lui-même est couvert de grigris; son boubou en est littéralement cousu, et son fusil, long de six pieds, a la crosse garnie de cornes de gazelles et de touffes de poils des animaux rares qu'il a tués pendant sa carrière de chasseur.

Nous attendons au soir que la lune soit levée et vers neuf heures nous nous embarquons, mon guide et moi, dans une pirogue conduite par deux laptots.

Il fait une de ces chaudes nuits d'avril pendant lesquelles la température est plus accablante que sous les ardeurs du soleil; il ne règne plus, comme pendant la journée, ce vent desséchant du désert qui, tout en brûlant la peau, cause une sensation de bien-être en vaporisant la transpiration. Maintenant que le soleil a disparu, il se dégage de partout des miasmes paludéens aux senteurs fades et chaudes qui donnent des nausées; on est énervé, on étouffe, et au moindre mouvement on éprouve une fatigue excessive, un amollissement complet, contre lequel on ne cherche même pas à réagir.

La grande nature sauvage elle-même, avec ses fouillis de broussailles aux ombres profondes, sous lesquelles vit un monde étrange de fauves, de reptiles, semble accablée par cet excès de lourde chaleur.

Depuis un moment, notre pirogue vogue doucement sur l'eau calme et glauque, où la lune se reflète en une longue traînée blanche; de temps en temps, un léger frisson de brise passant au loin soulève de petites vagues qui scintillent pendant quelques secondes, et vont en courant mourir contre la berge vaseuse qui les arrête. En aval, les chutes grondent sourdement, et à mesure que nous avançons le bruit devient plus distinct; il me semble pourtant que nous marchons parallèlement au barrage : mais comme c'est la première fois que je traverse le fleuve à cet endroit, où il est excessivement large, je ne me rends pas compte du trajet déjà parcouru. Mais, après une minute d'attention, il devient certain pour moi que notre pirogue, entraînée par le courant, dérive doucement du côté des chutes. Puis tout à coup cette dérive devient plus rapide et notre embarcation est entraînée vers l'abîme avec une vitesse croissante. Mes noirs voient le danger aussitôt que moi, mais il est déjà trop tard : les coups de pagaies qu'ils donnent avec frénésie, sous l'impression d'angoisse que nous ressentons tous, sont impuissants à nous maintenir contre le courant qui vient de nous saisir et dont la force est de plus en plus grande.

Les laptots sont affolés et je ne dois plus compter sur eux; faisant appel à mon expérience de marin, j'envisage rapidement la situation : il ne faut pas songer à remonter ce courant trop violent, il faut éviter d'être entraîné dans le gouffre. Une planche est légèrement clouée sur les membrures du fond de la pirogue, je l'arrache violemment, et en même temps que j'excite les matelots à pagaïer je me sers de ma planche comme d'un gouvernail.

Un rocher émerge sur le bord des chutes, j'y dirige l'embarcation qui, après avoir avoir fait un tour sur elle-même, s'y heurte violemment.

Nos mains se cramponnent avec frénésie aux moindres aspérités, et par des efforts inouïs et suprêmes nous arrivons à nous maintenir en amont du rocher.

Notre situation est des plus critiques, nous ne pouvons appeler, nos voix seraient couvertes par le bruit des chutes, nos doigts glissent sur la mousse visqueuse qui tapisse les rochers, et le moindre mouvement peut causer notre perte en nous précipitant dans l'abîme qui gronde au-dessous de nous.

Mais, par bonheur, nous avons été vus, et au bout d'un court moment qui nous paraît un siècle, une pirogue montée par un caporal d'infanterie de marine et quatre laptots s'approche de nous autant que le lui permet le courant.

Une corde nous est lancée, je l'amarre à l'avant et, unissant nos efforts à ceux de nos sauveurs, nous ne tardons pas à sortir de la zone dangereuse.

Ma chasse débutait mal, et après une telle émotion j'étais sur le point d'y renoncer et de la remettre au lendemain.

Mais la nuit est si claire, j'ai si bien fait mes préparatifs que mon hésitation est de courte durée; le caporal me demande comme une grâce de m'accompagner; c'est un excellent tireur et je ne vois aucun inconvénient à l'emmener. En quelques minutes nous sommes sur la rive droite, au milieu d'herbes et de joncs d'au moins quatre mètres de hauteur. Le terrain est mou et presque à chaque pas nos pieds enfoncent dans des trous de vingt-cinq à trente centimètres de diamètre indiquant le passage des hippopotames.

Le chasseur noir, qui marche devant nous, sert de guide et écarte les broussailles sur notre chemin.

En quelques minutes d'une marche difficile nous atteignons une petite clairière; c'est là que les énormes pachydermes viennent brouter et se reposer pendant la nuit. Après nous avoir recommandé le plus grand silence notre guide nous conduit à travers un épais fourré, jusqu'à un endroit d'où nous pourrons voir les hippopotames au moment où ils passeront à quelques mètres de nous venant d'un sentier boueux et défoncé qui conduit au fleuve. Une gazelle que nous avons troublée traverse la clairière en quelques bonds si rapides qu'il aurait été impossible de la tirer.

Nous sommes déjà depuis une demi-heure couchés

et blottis dans notre cachette sans oser prononcer une parole, piqués par les moustiques qui s'acharnent après nous avec une ardeur dévorante, lorsque nous entendons derrière nous un formidable hennissement, puis le bruit d'un corps qui sort de l'eau.

Après une courte attente, nous voyons apparaître une grosse masse noire et informe de près de quatre mètres de long et dont le ventre touche le sol; elle marche lourdement, ses grosses jambes semblent empêtrées, et ses pieds enfoncent à chaque pas; instinctivement nous mettons en joue, mais le chasseur nous fait signe de ne pas tirer et nous indique par gestes qu'il faut attendre que l'hippopotame se présente de face, afin de pouvoir l'atteindre dans ses parties sensibles, car il n'est vulnérable qu'au ventre et entre les cuisses. A notre grand désappointement, le monstre prend une direction contraire à celle que nous présumions et pénètre au milieu des hautes herbes qu'il écarte avec fracas. Furieux de le voir nous échapper, je lui envoie au jugé quelques balles de mon fusil à répétition, il y répond par des grognements de mécontentement, et nous l'entendons continuer sa marche en pénétrant plus profondément dans l'épaisse broussaille.

Mais mes coups ont tout mis en émoi, et les singes cynocéphales troublés dans leur sommeil poussent des cris aigus et aboient avec effroi en gambadant de branche en branche.

Je me sens saisir par de légers frissons; ma tête est lourde et douloureuse, funestes symptômes que je commence à bien connaître et qui m'annoncent un accès de fièvre; notre visage et nos mains sont littéralement couverts de piqûres de moustiques qui nous font horriblement souffrir, et je fais observer à notre guide qu'il a omis de me donner une amulette préservatrice des atteintes de ces affreuses bestioles.

Nous attendons encore longtemps qu'un hippopotame veuille bien se présenter à nos balles; mais mes coups de fusil les ont probablement mis sur leurs gardes, car nous ne voyons rien venir. Je commence à m'impatienter, quand un terrible rugissement nous annonce dans le voisinage la présence d'un lion « *Waraba lémou !* ». C'est un grand lion, s'écrie notre Kassonké, qui, mettant toute vergogne de côté, veut partir, sous le fallacieux prétexte qu'étant venu chasser l'hippopotame il n'a pas pris ses grigris pour le lion.

L'emplacement, d'ailleurs, n'est pas favorable, et me sentant de plus en plus souffrant, je consens à rentrer au poste où je me mets au lit.

C'est généralement ainsi que se terminent les parties de chasse qu'entreprennent les Européens. Combien y en a-t-il de ma connaissance qui sont morts des suites de ces escapades, sans que leur triste exemple ait jamais profité aux nouveaux débarqués qui, remplis de confiance en eux-mêmes, croient être à l'abri des rigueurs de ce climat meurtrier !

Qu'ils reviennent de leur erreur ceux qui pensent que le soleil seul est à craindre ; la nuit n'est pas moins dangereuse pour le chasseur à l'affût, les effluves qui se dégagent des débris putréfiés, noyés dans les marais, développent facilement des fièvres pernicieuses, et l'on sait qu'elles ne pardonnent guère.

CHAPITRE VIII

Invasion de fourmis. — Protection des crapauds. — Les *Ménés-Ménés* et les *Bagas-Bagas*. — Attaque d'une termitière par les fourmis noires.

J'ai sans doute exagéré en disant que la case du chef de poste de Longtou était confortable ; évidemment tout est relatif et ce qui me semblait un palais aurait été du goût de fort peu de personnes. La villa Longtou, comme l'appelaient ceux de mes camarades qui venaient de Kayes et de Médine me voir et admirer le spectacle imposant des chutes, est un grand gourbi en paille de sept mètres de côté ; la toiture repose sur trois troncs d'arbres, recouverts de leur écorce, le sol battu sert de plancher. Malheureusement, je ne suis pas le seul habitant de ma villa ; l'épaisse couche de paille qui forme les murs et le toit sert de refuge à des locataires d'un voisinage fort peu agréable : quelques serpents, des lézards, qui de temps en temps viennent pousser des reconnaissances jusque dans mon lit ; des scorpions, fraternisant avec des myriapodes, affectionnent particulièrement le dessous de mes cantines ; les crapauds, qui toutes les nuits me bercent de leurs cris monotones, trouvent un plaisir extrême à se blottir dans les profondeurs de mes chaussures, d'où je les extrais délicatement pour leur rendre la liberté, car parmi tous ces hôtes incommodes, les crapauds sont de vrais amis qui me défendent des fourmis noires, dont ils font, à mon grand avantage, une énorme consommation ; mais hélas ! malgré leurs efforts et la sollicitude que je leur témoigne, ils sont impuissants à arrêter le fléau.

Une nuit je suis réveillé par un silence auquel je n'étais plus habitué. Rien ! pas le moindre cri de crapaud, les ingrats ! auraient-ils abandonné mon toit hospitalier ? Je n'ai pourtant aucun reproche à me faire à leur égard ; j'ai toujours laissé leurs petits coins humides dans l'ombre la plus complète et je suis bien sûr que le balai ne les y a point troublés.

Je me livrais à ces réflexions, essayant de me rendormir, lorsque je sens sur mon bras un petit chatouillement ; j'y porte vivement la main, et au même moment je ressens une violente piqûre, puis sur tout le corps les mêmes chatouillements suivis des mêmes piqûres.

En une seconde je suis debout, j'allume ma bougie : tout le sol de ma case n'est qu'une noire fourmilière. A cette vue je m'enfuis sans prendre le temps de me vêtir. Le factionnaire stupéfait me crie : « Qui vive ! » en croisant la baïonnette. Malgré les douleurs brûlantes que je ressens, je ne puis m'empêcher de partir d'un éclat de rire en m'apercevant de ma tenue sommaire. On me reconnaît ; je fais mettre tout le monde sur pied et, après m'être enveloppé d'une couverture, je fais entreprendre le siège de ma case par les hommes armés de torches en paille allumées avec lesquelles ils balayent le sol pour se frayer un passage. Je suis heureux de reconnaître alors que mes bons et dévoués crapauds ne m'ont pas abandonné, comme je l'avais cru tout d'abord ; ils sont là, à leur poste, happant de tous côtés mes ennemis dont ils sont repus, et la rotondité de leur abdomen indique qu'ils en ont fait un carnage important.

Quelques-uns même, immobiles, semblent à bout de force et deviennent à leur tour la proie des fourmis qui par centaines s'acharnent après eux.

Malgré tous nos efforts, nous n'arrivons pas à chasser ces affreuses bêtes dont le nombre semble au contraire augmenter. Des monceaux de cadavres jonchent le sol, et le seul parti qui me reste à prendre est d'abandonner la place en attendant qu'elle soit évacuée, grâce aux 45 degrés de chaleur qui y régneront dans la journée.

Ces fourmis noires sont très belliqueuses, et avec leurs ennemis acharnés, les termites, elles ne sont pas une des moindres plaies du pays. Si la nature n'a point pourvu ces derniers, comme leurs adversaires, d'un venin cuisant, elle les a largement dédommagés en les armant de mandibules d'une telle puissance qu'ils peuvent s'attaquer aux objets les plus durs et prolonger leurs galeries jusque dans les constructions de pierre tendre.

Les termites construisent des nids hauts de 2 à 4 mètres, ayant la forme de pains de sucre; ce sont de véritables forteresses assez solides pour résister aux attaques des animaux et même des indigènes. C'est à peine si les outils des noirs peuvent entamer la croûte de terre pétrie qui constitue leur retraite.

On peut les considérer à juste titre comme les plus puissants maîtres du pays; là où ils sont, l'homme doit se retirer s'il ne veut voir son habitation tomber en ruines et ses récoltes dévorées.

A Kayes, j'ai essayé sans succès de détruire un de ces nids placé dans mon jardin. La terre avait pourtant été creusée profondément et le déblai porté à une certaine distance ; puis un feu ardent entretenu pendant plusieurs heures sur l'emplacement ; de la terre absolument saine avait été rapportée pour combler le trou. Malgré ces précautions, au bout de quelques jours, le nid reparaissait.

L'opération fut renouvelée plusieurs fois sans jamais réussir : il se trouvait toujours un certain nombre de termites retirés dans les profondeurs de cachettes inexpugnables, qui se remettaient à l'œuvre avec une patience infatigable.

Mon domestique, qui est un malin parmi les noirs, me disait un jour, au sujet des fourmis, qu'il me voyait observer avec intérêt :

— Toi y a voir *ménéménés* (nom que les indigènes donnent aux fourmis noires), — eh bien ! ça c'est noirs comme nous autres. C'est méchant, toujours y a besoin de chercher bataille ; mais *bagabagas* (termites) y a pas trop bêtes, eux y a faire comme blancs, bons *tatas* (forteresse), puis eux y a attendre l'attaquation.

Je trouve la comparaison de mon noir très juste, et moi-même, en examinant les fourmis, j'arrivais à des rapprochements qui me les faisaient comparer à des armées marchant au combat.

Suivons une fourmilière dans ses pérégrinations belliqueuses et nous aurons une idée de l'intelligence et du courage de ces petits êtres si désagréables.

Les ménéménés sont en marche depuis le point du jour : leurs épais bataillons s'avancent en rangs serrés et dans un ordre parfait ; leurs cuirasses bronzées brillent sous les premiers rayons du soleil et dans la plaine poussiéreuse leur colonne forme un long ruban noir de *plusieurs centaines* de mètres qui serpente en évitant les aspérités du sol. Les chefs, qu'on distingue à leur grande taille, sont en tête des bataillons et conduisent la marche. Des flanqueurs fouillent les broussailles avec précaution, et si la moindre chose leur paraît insolite ils viennent en rendre compte au gros de l'armée de laquelle se détache immédiatement un petit peloton qui va visiter l'endroit suspect, puis tout rentre dans l'ordre sans que la marche de la colonne ait été un seul instant interrompue.

Le nombre des ménéménés est considérable, leurs armes terribles : aussi marchent-ils au combat avec confiance, certains de remporter une victoire éclatante et de rentrer dans les cavernes humides qu'ils habitent chargés de butin et de cadavres. Après avoir franchi les passages les plus difficiles, escaladant les rochers, traversant les broussailles épaisses, par un chemin que leur passage seul a frayé, ils arrivent en face de la forteresse imposante par sa hauteur et sa solidité. Des milliers de meurtrières, de mâchicoulis garnissent les murailles, mais le plus grand calme semble régner à l'intérieur de la place.

Les premiers arrivés se sont déjà rangés au pied de la forteresse et attendent que leur nombre soit suffisant pour commencer l'assaut. Quelques éclaireurs ont été se rendre compte de l'attitude de l'ennemi ; plusieurs, trop téméraires, ont déjà disparu dans les ouvertures, comme entraînés par une force invincible.

Les bagabagas sont sur la défensive et s'apprêtent à résister ; les larves ont été tranportées dans les profondeurs les plus inaccessibles des souterrains.

L'assaut commence: en un instant, la forteresse est couverte d'assaillants qui courent et s'agitent dans toutes les directions en faisant entendre un bruissement singulier produit par le cliquetis des mandibules.

Tout à coup, de presque toutes les ouvertures sortent des bagabagas aux corselets nacrés ; c'est alors une mêlée corps à corps pendant laquelle chaque parti s'occupe plutôt de faire des prisonniers que de venir en aide à ceux des siens qui tombent écrasés sous le nombre.

Au bout d'un instant, ce ne sont plus que de petits groupes blancs ou noirs entraînant des prisonniers. — Aux ouvertures de la forteresse, d'énormes bagabagas attendent et défendent l'entrée.

Aussitôt qu'un ménéméné se présente, il est saisi par le milieu du corps et coupé en deux, ou bien entraîné dans les sombres prisons d'où il ne sortira plus.

Ces combats durent des heures, quelquefois des jours, avec le même acharnement, et des milliers de prisonniers ou plutôt de cadavres restent entre les mains des deux partis.

Alors quelle vie, quelle activité sur le chemin qui relie la forteresse des bagabagas au ruisseau sur les bords duquel habitent les ménéménés : les uns chargés peuvent à peine traîner leur fardeau, les autres reviennent, légers et frétillants, s'abouchant à chaque instant avec les plus chargés pour leur offrir leur aide.

CHAPITRE IX

L'excision de jeunes filles. — Saturnales qui accompagnent la fête. — Maladie d'Oussoufi. — Sa guérison. — Épidémie de variole.

Quand la jeune indigène atteint l'âge de 9 à 13 ans, les usages du pays veulent qu'elle subisse une mutilation spéciale dont la description est du ressort de la médecine et ne peut trouver sa place dans ces notes.

Mais il n'est pas sans intérêt de dire quelques mots de la fête assez curieuse qui accompagne cette opération. Ce jour-là, dès le matin, tout le monde est en liesse au village.

Les femmes et les jeunes filles qui, d'habitude, se rendent au fleuve, en longue file, le torse nu, pour faire la provision d'eau quotidienne, y vont séparément. A la hâte, elles emplissent leurs calebasses, les posent sur la tête, puis les emportent en trottinant avec le déhanchement particulier à leur race.

Rapides, elles se dirigent vers leurs cases, sans souci de l'eau qui s'échappe de son récipient et ruisselle sur leur corps y collant leur pagne, sous lequel se dessinent en contours arrondis leurs formes musclées.

Les hommes ont revêtu leurs costumes les plus frais,

d'une belle couleur safran, et leurs petits bonnets blancs à deux pointes sont crânement posés sur le côté de la tête ; ils se promènent armés du long fusil à pierre qu'ils portent la crosse en l'air, et d'un sabre à fourreau de cuir pendu à gauche. Dès que les femmes ont fini de vaquer aux travaux du matin, elles procèdent à leur toilette ; des coffrets en bois grossièrement sculptés elles sortent leurs plus beaux costumes et leurs bijoux.

Dans les cases se répand alors la senteur forte des colliers de clous de girofle et de crottes de gazelles, le parfum pénétrant du musc et de l'*amouguéné* (sorte d'encens), l'odeur fade des étoffes neuves, auxquels viennent se mêler des émanations d'étables et le relent fétide du poisson sec et de la viande boucanée.

C'est un cliquetis d'amulettes et de bracelets d'argent massif, des froissements de colliers en grossière verroterie, des claquements d'étoffes secouées et de joyeux éclats de rire.

Réciproquement, on se graisse les cheveux avec du beurre rance, mis en réserve depuis plusieurs jours pour la circonstance, puis on essuie ses mains grasses sur le bas des jambes pour en aviver la couleur luisante.

Certains poussent même le luxe jusqu'à se chausser de petites sandales en cuir jaune, dans lesquelles on ne peut introduire que la moitié du pied, et que d'ailleurs on porte le plus souvent à la main.

Sur la place du village, les griots frappent de temps en temps deux ou trois violents coups sur la plus grosse de leurs caisses, pour rappeler qu'ils sont là et qu'ils s'impatientent.

De toutes les directions arrivent de petits groupes qui viennent se ranger en cercle autour d'eux.

Lorsque tout le village est à peu près réuni, le tam-tam et les tambourins commencent à battre une mesure lente et scandée et l'on se met en marche. Les femmes griotes entonnent une mélodie triste, sorte de litanie plaintive à laquelle toute la foule répond par un refrain de deux ou trois mots, toujours les mêmes, en traînant sur la dernière syllabe. La procession parcourt le village de case en case; des jeunes filles de neuf à treize ans, presque uniformément vêtues d'un pagne jaune et d'un boubou blanc, viennent se joindre au cortège; d'énormes boules d'ambre ornent le cimier de leur coiffure, de volumineux bracelets entourent leurs poignets et chargent leurs chevilles ; à leur cou pendent de gros colliers en verre.

Ce sont les héroïnes de la journée ou plutôt les victimes de la fête barbare qui n'aura son dénouement que demain matin au lever du soleil.

Elles font contre mauvaise fortune bon cœur, marchent la tête haute et le sourire sur les lèvres. Elles mâchent des gourôs, afin de se donner une surexcitation factice, nécessaire pour s'étourdir, chanter, danser pendant vingt-quatre heures. Et demain matin, exténuées de fatigue, à bout de forces, elles tomberont dans les bras de vieilles matrones qui les emporteront dans les cases où elles doivent être mutilées.

Après avoir fait le tour du village, le cortège revient sur la place. Sous l'éblouissante clarté d'un soleil invraisemblable, au milieu d'une atmosphère embrasée, d'une poussière épaisse qui prend à la gorge, les danses commencent lascives chez la femme, souples et nerveuses chez l'homme que le bruit et la fumée de la poudre exaltent au point d'augmenter sa brutalité naturelle. Le soir, à la lueur de grands feux de paille, la saturnale continue, les danseurs infatigables, insatiables, se grisent des odeurs rancies et aromatiques qui s'exhalent de cette foule en sueur; du bruit assourdissant des tam-tams et des formidables détonations des fusils chargés jusqu'à la gueule.

Enfin, le jour commence à poindre, les feux s'éteignent et chacun rentre dans sa case; le crépuscule, de si courte durée sous ces latitudes, laisse à peine le temps d'enlever l'épaisse couche de poussière qui couvre le corps et de prendre un peu de nourriture avant le lever du soleil.

Les femmes revêtent de nouveau leurs beaux costumes et se dirigent à la hâte du côté des cases de forgeron où les jeunes filles sont opérées par de chirurgiens femelles dont la place n'est pas marquée à l'Académie de médecine.

Une heure après, la fête est terminée et tout rentre dans l'ordre et le calme.

Au bout de quelques jours, on voit sortir du village une procession de jeunes filles la tête couverte d'un linge maculé de sang et s'appuyant sur un bâton; cette promenade se renouvelle tous les jours pendant près d'un mois; on les voit ainsi aller au fleuve faire leurs ablutions.

Puis un soir, à la fin d'un tam-tam auquel elles ont assisté, assises par terre sur une natte, toutes ensemble se lèvent, arrachent le linge et le lancent au milieu du cercle en gambadant.

A la suite des ripailles qui sont l'accompagnement obligé de cette fête, Oussoufi, qui joint à pas mal d'autres défauts une gloutonnerie remarquable, est atteint d'une forte indigestion. Grand émoi dans le village; il n'a pas mangé depuis trois jours ; que faire ? que devenir? Des marabouts ont été consultés à Kayes et à Médine : ils ont écrit des prières sur des tablettes de bois, qu'on a ensuite soigneusement lavées pour en faire boire l'eau sale au malade; remède inutile. Ce pauvre Oussoufi dépérit, il a le délire, on croit qu'il va mourir.

Pour les noirs, tous les blancs sont médecins, et je m'étonne qu'on ne soit pas encore venu me consulter.

J'en parle à Temba, mon interprète, qui me répond :
« Oussoufi a peur de toi. Depuis le jour où tu lui as dit qu'il était un mauvais chef et qu'on devrait se débarrasser de lui, il croit que tu le feras mourir en lui donnant du poison. »

Moussô, qui continue à apprendre le mauvais français des tirailleurs, me dit en pleurant :

— *Oui, mon papa, y a croire ça, mais si toi y a pas donné grigris des blancs, lui y a crevé.*

— Mais que veux-tu que je lui donne, à ton père? Je ne sais pas ce qu'il a ?

— *Marabouts noirs y a pas voir mon papa, mais quand même y a donné grigri.*

— Tu vois bien qu'ils ne lui ont rien donné de bon, puisqu'il est toujours malade.

— *Bien toi y a venir voir, puis y a donné bon grigri.*

Comme me le demande Moussô, je vais chez le malade que je trouve en proie à une forte fièvre et souffrant de douleurs hépatiques déterminées par un embarras gastrique.

Après lui avoir reproché son peu de confiance en moi, je lui fais prendre du calomel, des tisanes rafraichissantes, et quelques heures après un gramme de quinine.

Au bout de deux jours, Oussoufi est sur pied et vient me remercier; il me demande si je veux guérir un très vieux chef d'un village voisin qui ne peut plus marcher depuis trois ans. — Ceci dépassant mes connaissances médicales, je lui réponds que les maladies des jambes me sont inconnues.

A partir de ce jour, si je voulais écouter les noirs je passerais mon temps à les soigner; pour le moindre bobo ils viennent me trouver.

Quand je suis en présence d'un mal que je ne connais point, j'ordonne des remèdes innocents : des boulettes de pain à prendre deux ou trois fois par jour, et je recommande surtout de ne pas les laisser à la portée des enfants, de crainte qu'ils ne s'empoisonnent; une pincée de bicarbonate de soude dans une bouteille d'eau, ou bien une compresse de saindoux sur les parties douloureuses. Ils sont contents comme cela, et ce qui n'étonnera personne c'est que, malgré l'innocence de mes remèdes, j'ai opéré beaucoup de cures.

Une épidémie de variole se déclare; en quelques jours une dizaine de jeunes gens des deux sexes sont atteints; contre toute vraisemblance, les noirs ne croient pas la maladie contagieuse et continuent à vivre sans aucune précaution avec les malades qu'ils traitent par des fumigations énergiques sous une couverture et auxquels ils ne donnent de l'air que lorsqu'ils sont à peu près asphyxiés et qu'ils perdent connaissance; puis quand les pustules commencent à sortir on les plonge dans l'eau froide, et pour réparer les forces qu'ils ont perdues on les bourre de couscous. Malgré cette médication fantaisiste, il y a relativement peu de décès, mais l'épidémie fait de rapides progrès.

Concevant des craintes pour la sécurité de ma petite garnison, je prends sur moi de faire transporter tous les malades à deux kilomètres dans un grand gourbi en paille construit à la hâte; trois laptots intelligents remplissent les fonctions d'infirmiers et interdisent l'approche de l'ambulance.

Les varioleux, à leur grande stupéfaction, sont mis à la diète; ils ne s'en plaignent pas, mais ce sont les gens du village qui, malgré la confiance qu'ils me témoignent, ne peuvent admettre que leurs malades restent sans manger, et les infirmiers ont toutes les peines du monde à empêcher l'entrée des calebasses de couscous qu'on essaie d'introduire en cachette. Du bouillon et des œufs sont distribués aux pauvres diables une ou deux fois par jour, suivant leur état; ils ont des tisanes, mais tout cela est liquide et ne doit pas les nourrir.

En peu de jours, l'épidémie semble enrayée et j'ai la satisfaction de voir presque tout mon monde hors de danger; sur treize malades, deux seulement sont morts et les indigènes m'assurent qu'ils ont été tués par la diète. J'ai beau essayer de leur faire comprendre que tous ont suivi le même traitement et qu'à présent la grande majorité se porte bien. Ils m'exaspèrent par leur obstination à me répondre : « Ils sont morts de faim ». A partir de ce jour, je refuse de m'occuper des malades.

CHAPITRE X

Abandon du poste de Longtou. — Incendie de Kayes.
— Descente des rapides. — Arrivée a Kayes.

Nous sommes au mois de mai, c'est-à-dire à l'époque des grandes chaleurs qui précèdent les premières tornades.

Le fleuve est bas, si bas, que sans voir l'eau monter plus haut que les genoux on peut le traverser, là où, quelques mois auparavant, de grands navires auraient pu s'engloutir. Dans peu de jours nous allons quitter le poste de Longtou, désormais inutile, la colonne expéditionnaire rentrant et les postes étant ravitaillés pour l'hivernage.

La pensée de quitter ce petit coin où je vis heureux m'attriste, je suis habitué à cette résidence, j'aime maintenant le grondement sourd des chutes, les hennissements des hippopotames, dont je compte chaque matin les quatorze têtes qui émergent de l'eau calme du fleuve, la fanfare discordante des oiseaux-trompettes que, deux fois par jour, j'entends passer au-dessus de ma tête, puis l'heure de l'arrivée de la petite flottille de pirogues et de chalands qui, les voiles gonflées par la grosse brise chaude de midi, viennent s'amarrer en face du poste ; le froissement des voiles qu'on amène et qui battent, secouées par le vent, le grincement des poulies trop sèches, le roulement des chaînes contre les bords des chalands, le clapotis des petites vagues qui s'entre-choquent entre tous ces bateaux, ces odeurs de goudron, de filin, de bois mouillé, tout cela réveille en moi les chers souvenirs du marin, et la perspective de rentrer à Kayes m'est tout à fait désagréable.

Il me semble déjà entendre le vacarme des ferrailles battues sur les enclumes, les chocs des wagons, les grincements des grues, les sifflets stridents des machines, et parmi tout cela les sonneries des clairons et des cloches.

Quant à Moussô, elle est ravie à la pensée de voir des *boutiques* où l'on trouve de *tout* et dont mon domestique lui fait les descriptions les plus brillantes : « Il y a des pains de sucre gros comme ça, des bouteilles de sirop et des pots de confitures contre tous les murs, de grands barils pleins de perles en verre de toutes les couleurs, et des étoffes! des bleues, des jaunes, des vertes, même des dorées! de l'eau de Lubin, de l'eau de Cologne plein des caisses, et tout cela ne coûte presque rien ! Mais ce qu'elle verra de plus curieux ce sont des bateaux dans lesquels les blancs mettent de l'eau et du feu pour les faire marcher ; il y en a qui vont sur l'eau et d'autres sur terre. Moussô ouvre de grands yeux à l'énumération de toutes ces merveilles et presse de questions son interlocuteur.

Il y a cinq ans qu'elle n'a vu Kayes, et pourtant la distance n'est que de seize kilomètres d'un village à l'autre ; seulement la route n'est pas sûre, c'est ce qui l'a toujours empêchée d'aller voir les belles choses apportées par les blancs. Allongé dans un hamac en corde suspendu à l'immense tamarinier qui ombrage le devant de ma case, j'écoute ces naïfs bavardages.

De chaudes bouffées du vent d'Est agitent les menues feuilles de l'arbre ; de temps en temps des fruits mûrs tombent sur la terre durcie par le soleil avec un bruit de cosses sèches ; la paille de nos cases frissonne en grésillant sous les caresses de ces premières rafales.

Un tirailleur griot, accroupi dans un coin, pince une petite guitare à deux cordes, dont le son grêle et argentin produit, en se mêlant aux bourdonnements des moustiques, l'effet de cloches lointaines.

La nuit est superbe et je contemple, en rêvant, les étoiles brillantes qui papillotent à travers les sombres dentelles du tamarinier.

Depuis un moment, il me semble que le ciel a par instants des lueurs rougeâtres ; je n'y fais pas grande attention tout d'abord, car à cette saison les feux de brousses sont fréquents et éclairent presque tous les points de l'horizon, mais cette lueur s'accentue, et je me lève pour voir d'où elle vient.

A peine ai-je regardé dans la direction de Kayes qu'une sinistre clarté me fait pressentir un malheur; c'est comme une immense forêt en feu. En repassant dans ma tête les accidents de terrains qui existent dans la direction éclairée, je ne vois pas de broussailles dont l'incendie puisse donner une lueur si intense : à moins pourtant que ce soit le village de Sotokoley, situé à 4 kilomètres en avant de Kayes, et la clarté diminuant d'instant en instant, je parviens à me persuader qu'il s'agit d'un simple feu de paille.

Complètement rassuré, je vais reprendre le cours de mes rêveries doucement bercé dans mon hamac, où le sommeil ne tarde pas à me gagner.

Vers une heure du matin je suis réveillé par le factionnaire qui amène un courrier venant de Kayes. Son corps à demi nu ruisselle de sueur et ses jambes sont couvertes de poussière; il me présente un petit papier qu'il porte au bout d'une grosse paille fendue.

Je l'ouvre à la hâte, inquiet de recevoir un message à cette heure, et je lis à la lueur d'une allumette :

Mon cher ami,

Du pauvre Kayes que nous avons vu élever pierre par pierre, il ne reste plus rien : en quelques minutes tout vient d'être détruit par le feu. On ne croit pas qu'il y ait d'accidents de personne, mais nous sommes tous navrés.

P. N.

Ce sinistre qui, en France, lu dans les faits du jour, aurait à peine attiré mon attention, me cause ici, à plus de trois cents lieues de la côte, une impression douloureuse en me faisant penser que les efforts et les travaux de tant de braves gens qui ont trouvé la mort en prêtant leur concours à l'établissement de ce premier jalon de notre civilisation au Soudan français, viennent en quelques minutes d'être stérilisés et détruits.

Deux jours après cette catastrophe, je reçois l'ordre de rentrer à Kayes avec ma petite garnison. Aidés par les habitants des villages voisins nous effectuons, par terre, le transport des pirogues et des chalands jusqu'au bief inférieur des chutes ; puis, après avoir amené le pavillon français qui flottait sur la branche la plus élevée du tamarinier géant à l'ombre duquel nos gourbis étaient construits, nous nous embarquons sur la petite flotille qui s'ébranle sous les vigoureux coups d'avirons des laptots ; comme nous descendons le fleuve, le courant active notre marche et nous glissons rapidement entre les deux rives élevées et rocheuses qui encaissent à cet endroit le lit du Sénégal.

Nous passons devant Médine, puis nous franchissons plusieurs rapides très dangereux, semés de nombreuses roches émergeant à peine des tourbillons écumeux qui les enveloppent, et, par moments, nous sommes entraînés avec une telle rapidité que nous éprouvons presque du vertige. Le chenal est très étroit et le moindre faux mouvement du timonier peut causer la perte de l'embarcation et des hommes, car il serait impossible même au plus excellent nageur de regagner la rive sans avoir été charrié sur une longueur de plusieurs centaines de mètres, c'est-à-dire mis en lambeaux et assommé infailliblement contre les rochers.

Ayant quitté Longtou à quatre heures de l'après-midi, nous arrivons à Kayes vers sept heures.

Des colonnes de fumée noire s'élèvent encore, après trois jours, au-dessus des amas de décombres, sous lesquels sont enfouis vivres, armes et munitions.

Il reste là une poignée d'Européens livrés sans défense aux représailles possibles de nombreuses populations encore à demi sauvages qui, si elles connaissaient leur force et comprenaient la situation périlleuse où nous nous trouvons, pourraient nous faire expier cruellement les abus de pouvoir trop fréquents de notre part. Mais, loin de nous être hostiles, les Kassonkés ont mis à notre disposition toutes les ressources dont ils disposent, et c'est au milieu du village indigène de Kayes que nous commençons l'hivernage de 1884.

Nous nous y trouvons dans des conditions d'hygiène déplorables : logés dans des cases pressées les unes contre les autres, humides, complètement dépourvues d'aération, les hommes ont à souffrir plus que jamais des rigueurs du climat. La mortalité chez les Européens monte bien au-dessus de la moyenne déjà si élevée en temps ordinaire.

CHAPITRE XI

En route pour Kita.— Le premier campement.— Étapes successives. — Insolation d'un des nôtres. — Bafoulabé — Badumbé et la colonne. — Rencontre de captifs au gué de Toukoulo.

Nous nous mettons en route pour Kita le quinze janvier 1884. Le convoi dont je fais partie se compose de deux médecins de la marine, d'un vétérinaire et d'une trentaine de noirs. Nous allons rejoindre la colonne expéditionnaire, partie déjà depuis quelques jours.

Des mulets envoyés de la Plata pour être acclimatés dans le haut fleuve transportent nos vivres, nos bagages et nous servent de montures.

Le premier jour, tout va de travers : les mulets, encore à demi sauvages et chargés pour la première fois, s'effraient à chaque instant et se débarrassent des fardeaux que les muletiers ont mille peines à replacer sur leur dos.

Nous avons quitté Kayes à huit heures du matin, et nous n'arrivons à Médine qu'à midi, soit quatre heures de marche pour une étape de 12 kilomètres. Nous passons cette première journée avec les officiers du poste, et le soir nous allons camper à Longtou. Là, je rends

Moussô à son père, qui ne consent pas à la voir partir si loin.

Le lendemain, nos mulets se comportent mieux; nous marchons sans incident le long du fleuve à travers un paysage plat et suffisamment vert; après avoir rencontré plusieurs villages, nous arrivons vers dix heures au campement de Malou, où nous nous installons sous un énorme figuier et où nous déjeunons d'une perdrix tuée pendant la route. Les deux médecins, intrépides chasseurs, se mettent en campagne malgré la chaleur accablante et reviennent le soir avec une biche, trois pintades et une perdrix.

Notre première nuit dans la brousse est très gaie : éclairés par de grands feux de paille, nous passons la soirée à bavarder, heureux de nous sentir vivre en plein air avec le ciel pour toit, de coucher sur la paille, d'entendre les mille bruits mystérieux de la nature africaine; puis l'imprévu du lendemain ne sera pas un des moindres agréments de la route, nous y songeons déjà. Les noirs, fatigués par la marche, se sont couchés de bonne heure autour des feux. Les mulets, attachés par un pied à une corde fixée en terre à ses deux extrémités, s'endorment debout, et leur grosse tête, avec son mouvement de tangage, semble trop lourde pour leur corps.

Nous sommes réveillés avant le jour par la lueur et les crépitations des feux ravivés, et par le bruit continu que font les mâchoires des animaux broyant le mil. Les noirs accroupis s'étirent et chauffent leurs membres engourdis par la fraîcheur de la nuit.

Assis sur nos cantines, nous bouclons nos houseaux en bayant encore sous l'influence d'un bon sommeil réparateur.

Notre cuisinier *Paté Dialo*, les yeux gonflés et brûlés par le feu, nous apporte dans une gamelle graisseuse une sorte de boisson chaude d'une couleur et d'une odeur indéfinissables.

Pour ne pas déranger ses ustensiles de cuisine qu'il a emballés la veille, il a passé le café à travers une toile de sac sur laquelle il couche, et qui, depuis le départ, sert à protéger ses hardes de la poussière ; il l'avoue tout naturellement ; sur notre refus de goûter ce breuvage, il s'empresse de le partager avec ses compagnons de route.

On bâte et on selle les mulets au milieu d'une confusion comme les noirs seuls savent en créer dans tout ce qu'ils font: c'est un bridon qu'on ne retrouve plus, une corde de bât perdue en allant au fourrage. Un mulet blessé sur le dos envoie deux ruades chaque fois que son palefrenier s'approche de lui, enfin, ce n'est qu'au bout d'une longue demi-heure que cesse ce désordre et que nous pouvons nous mettre en route.

A onze heures, nous arrivons à Diamou, station extrême du chemin de fer pour la construction duquel on n'a pas accordé de crédits cette année, de sorte que les travaux sont suspendus. Seule, une brigade d'entretien est chargée d'assurer le bon fonctionnement d'un train, composé de deux wagonnets, qui fait tous les jours le service entre Kayes et Diamou. A une heure de l'après-midi, nous voyons arriver ce train, tiré par une locomotive poussive. Ce jour-là, comme il n'était pas trop chargé, il a pu faire son trajet de cinquante-quatre kilomètres en sept heures : quelquefois il reste en détresse, et n'arrive que le soir, ou même le lendemain de son départ.

Diamou est le sanitarium de Kayes ; des baraques y ont été construites pour recevoir les malades.

L'accueil qui nous est fait par les officiers est rempli de cordialité. Nous passons avec eux la journée à chasser. Un ingénieur, venu pour étudier le projet d'un chemin de fer plus économique que celui actuellement en construction, se joint à notre convoi, et, le dix-huit, nous repartons.

Le pays, qui jusque-là était resté assez plat, change de physionomie. Maintenant, ce sont des montagnes coupées à pic comme de hautes murailles ; nous les longeons pendant une partie de la matinée, puis nous traversons environ huit kilomètres de terrains ferrugineux ; les arbustes, secs et rabougris, y semblent morts ; la chaleur y est accablante et la poussière rouge qui se soulève sur notre passage sent la rouille.

De très loin, nous entendons le grondement sourd des chutes de Gouina, que nous n'apercevons que pendant quelques minutes entre deux rochers.

Nous arrivons vers midi au village de Foukara dans le voisinage duquel nous demeurons le reste de la journée et la nuit.

Le dix-neuf, nous quittons Foukara à six heures du matin et ce n'est que vers une heure de l'après-midi que nous sommes à la mare de Tallari, campement malsain que nous devions éviter, mais que la longueur du trajet nous a fait choisir.

Pendant la route, l'ingénieur L... est pris d'un violent mal de tête, il ne peut plus se tenir sur son mulet et jette des cris de douleur. Il n'y a pas d'eau dans le voisinage.

Mon domestique, Alioun, part en avant au pas de course et revient une demi-heure après avec une peau de bouc remplie du précieux liquide. Des serviettes mouillées sont appliquées sur la tête de M. L... que nous remettons sur sa monture, et, marchant à ses côtés afin de le soutenir au besoin, nous continuons tant bien que mal notre route.

Nous passons la nuit près de la mare, nous avons tous la fièvre, la journée a été trop rude, et les émanations du voisinage achèvent ce que le soleil a commencé.

A cinq heures du matin nous levons le camp, et à

dix heures, reçus par les officiers du poste, nous faisons notre entrée à Bafoulabé. Nous traversons ensuite sur un bac le Bafing, affluent du Sénégal, dont la largeur peut être de trois cents mètres environ. Les mulets, qui se souviennent de leur voyage en mer, refusent de s'embarquer sur le nouveau bateau, et c'est avec beaucoup de peine qu'on arrive à les y entraîner.

Sur l'autre rive du fleuve, nous organisons un campement confortable sous de beaux arbres ; mais la nuit, nous avons à subir l'assaut d'énormes chenilles à longs poils qui, en passant sur notre épiderme, y causent une brûlure intolérable. J'ai le bras gauche enflé au point de ne pouvoir le plier..

Le 23, nous partons de Bafoulabé et nous arrivons le 26 à Badumbé, où nous trouvons la colonne expéditionnaire installée à quelques centaines de mètres du poste.

Je suis frappé de l'air minable de nos soldats d'infanterie de marine, tous trop jeunes pour supporter les fatigues d'une campagne sous ce climat ; ils sont très impressionnables, la mort d'un camarade produit sur leur imagination un effet désastreux : ceux qui sont malades en meurent ; ceux qui n'ont rien encore se croient atteints et finissent par tomber dans un état très grave. Le découragement est une des caractéristiques du début des maladies dans le haut Sénégal.

Cette observation a été faite par la plupart de nos médecins, c'est comme une nostalgie et, malgré leur dévouement, les médecins de la marine n'arrivent pas à remonter le moral affaibli des soldats et les suicides se produisent fréquemment. Ces hommes sont cependant traités avec une grande douceur ; chacun a un âne comme monture, la nourriture est bonne : une livre de viande, une livre et demie de pain, du sucre, du café, de l'eau-de-vie, des légumes secs, du vin tous les deux jours ; des volailles et des œufs sont souvent distribués. Le service du camp est fait par les soldats indigènes, afin d'éviter aux Européens les ardeurs du soleil. Mais rien ne peut secouer la torpeur morale qui s'empare d'un grand nombre de nos soldats et qui est, ainsi que je le dis plus haut, le signe précurseur d'une mort prochaine. L'esprit de corps, cependant remarquablement vivace, n'arrive pas à rendre à ces jeunes gens l'énergie dont ils ont fait preuve dans d'autres circonstances. Devant l'ennemi seulement ils se réveillent et sortent de cet accablement malsain, pour redevenir de vaillants Français.

Les tirailleurs sénégalais, qui voyagent avec leurs femmes et leurs enfants, s'organisent à chaque campement de petites huttes avec quelques brassées de paille ou de branches, qu'ils jettent sur un buisson afin d'en épaissir l'ombrage. Sous ces huttes, ils mènent la même vie que dans les villages. Les femmes font le couscous, lavent le linge; le soir, on se réunit et l'on bavarde; si le mari est de garde, la femme se laisse faire la cour par les jeunes tirailleurs non mariés.

Ces femmes de soldats ne sont pas des modèles de vertu et, sauf de rares exceptions, elles ont mené la vie la plus joyeuse avant d'entrer dans la carrière militaire. Mais, au fond, toutes bonnes femmes, toujours prêtes à rendre service, la vie nomade qu'elles mènent leur apprend à s'aider mutuellement. Pendant la route, chargées comme des bêtes de somme, elles suivent la colonne, portant sur leur tête les calebasses, les marmites, leurs vêtements et ceux de leur mari; les provisions de bouche de plusieur jours; s'il y a des enfants encore trop jeunes pour marcher, elles les portent attachés, à califourchon, sur leur croupe, et soutenus par un pagne qui passe sur leur poitrine. Quelquefois un mari galant donne son fusil à sa femme et se charge du volumineux et lourd paquet. Si on sonne le ralliement, vite il reprend son arme et rejoint sa compagnie au pas gymnastique.

Les plus longues marches n'effraient pas ces femmes, et en arrivant au campement, ce sont elles encore qui préparent la nourriture, pendant que le mari dresse la hutte pour la nuit.

Demandez à l'une d'elles, dans un moment de pénurie, la chose la plus précieuse, du sel par exemple;

vous êtes certain qu'immédiatement elle vous apportera le restant de sa provision. Si vous lui faites observer qu'elle s'en prive ainsi que son mari, elle vous répond : « Ça va bien, toi, tu es blanc, nous, nous sommes noirs, et ce n'est pas la première fois que nous manquons de quelque chose ; prends tout. »

Aussi mendiantes que généreuses, à la moindre occasion, pour la moindre fête, elles viennent vous dire, en faisant une révérence : *Anassa ma dimance*, — donne-moi mon Dimanche, fais-moi un présent.

Si peu qu'on leur donne, elles sont contentes et l'on acquiert ainsi des droits à leur reconnaissance. Le besoin de recevoir est inné chez le noir. Si riche et si puissant que soit un chef, il est toujours sensible au moindre cadeau.

Mes compagnons de route restent avec la colonne à Badumbé, et moi je poursuis mon chemin, accompagné de mon domestique et de deux autres indigènes chargés du soin de mes mulets.

Le 3, en face du gué de Toukoulo, je rencontre des caravanes de captifs. On se sent le cœur serré à la pensée des souffrances qu'ont dû endurer ces malheureux, pour arriver à un tel degré de bestialité ; ils n'ont plus rien de l'être humain, ne parlent pas entre eux, et l'on se demande s'ils ont encore un langage. Les os saillants de leur corps menacent de crever la peau sèche et craquelée qui les couvre. Leurs longs bras grêles pendent de chaque côté de leur corps, d'une maigreur horrible. Ils ne sont même plus noirs, la poussière des routes et la malpropreté ont accumulé sur leur peau une couche terreuse couleur d'ardoise sale. Des larmes de gâtisme coulent de leurs yeux injectés et tracent des sillons noirs sur leur visage grimaçant d'idiots. Leurs cheveux sont couverts de plaques qui ne peuvent être comparées qu'à celles que ramasse le bétail en se couchant dans les étables mal tenues.

Presque tous sont atteints d'une gale maligne qui, aux articulations, produit des ulcères purulents. Ils répandent une odeur nauséabonde, et entraînent avec eux des nuages d'énormes mouches qui s'acharnent sur leurs plaies et les enveniment. Des enfants âgés à peine de six à sept ans suivent ces troupeaux humains. Sur leur ventre ballonné saille un nombril plus gros qu'un œuf et leurs pauvres jambes sont gonflées et peuvent à peine les porter : c'est en boitant qu'ils s'avancent poussés par les traitants qui sans cesse les aiguillonnent de leur brutalité.

Je m'approche d'un feu où un vieillard, accroupi au milieu d'un nuage de fumée âcre, retourne sur la flamme des cornes de bœuf qu'il a trouvées dans un tas d'ordures près du poste. Au bout d'un moment, il se met à ronger avec avidité les débris de peau recouverts de poils calcinés, restés à la racine des cornes.

Ses camarades de misère tournent vers cette singulière cuisine des yeux pleins de convoitise, et plusieurs se mettent en quête d'un semblable régal.

J'ai quelques vieux biscuits économisés pendant la route et je les fais distribuer à ces infortunés. C'est un festin ! La moindre miette est ramassée. Quand ils ont fini, ils me regardent tous d'un air hébété, comme étonnés de cette générosité si inattendue.

Je traverse le Bakhoy dans l'après-midi, pour être prêt à continuer ma route le lendemain avant le jour. La nuit est presque froide (1) ; avec deux couvertures de laine et couché entre deux feux, j'ai à peine chaud. Au petit jour, je rencontre encore de longs convois de captifs. Ces malheureux, pour ne pas avoir trop froid, portent devant eux, en marchant, des torches de paille allumées dont la flamme lèche leur corps.

(1) + 7° centigrades à 4 h. du matin.

CHAPITRE XII

Arrivée à Kita. — Installations au fort. — Visite au village de Makadiambougou. — Le marabout Moré Moussa. — Achat d'une captive. — Sakoba.

Le lendemain matin, j'arrive à Badougou ; ce village, récemment détruit par des bandes pillardes du Kaarta, est très misérable.

Le chef met une case à ma disposition, puis m'apporte quelques œufs qu'il s'est procurés avec peine ; ils sont d'ailleurs tous mauvais. Pour la première fois, je bois du *dolo*, sorte de bière faite avec du mil et du maïs ; par l'odeur et la couleur elle rappelle l'urine de cheval ; mais, en somme, c'est une boisson fort supportable.

Je trouve les femmes laides, elles ont les traits grossiers et sont défigurées par les tatouages ; leur coiffure a beaucoup d'analogie avec celle des femmes du Kasso, mais est pourtant moins gracieuse.

Je passe la journée du lendemain au village de Gomokory, puis, le surlendemain, au marigot de Kémicko. A ce dernier campement, je suis dévoré par les moustiques ; aussi, profitant de la lune qui vient de se lever vers minuit, je me remets en marche.

La route est excellente, et nous faisons plus de cinq kilomètres à l'heure.

Au moment où le crépuscule commence à dorer l'horizon, nous arrivons au pied des montagnes qui forment le massif de Kita.

Je fais une halte de quelques minutes pour réparer le désordre de ma toilette, afin de ne pas produire une trop mauvaise impression sur mes nouveaux compagnons.

Le jour luit à peine et, sans le chant des coqs et les aboiements des chiens, je n'aurais pas soupçonné le voisinage des villages, dont les petits toits, gris et pointus, se confondent avec les rochers dans la demi-obscurité.

Malgré l'heure matinale, on rencontre déjà des noirs se dirigeant, comme nous, du côté du fort que nous venons d'apercevoir à un coude de la route et à un kilomètre environ. De l'éperon, je pique ma monture qui se met à braire et prend le trot. Les notes stridentes d'un clairon sonnant le réveil arrivent jusqu'à moi. Au bout de la route blanche, le poste se dessine nettement sur le bleu clair du ciel; à droite, contre la montagne, un grand village indigène sur lequel plane un nuage de fumée que la brume matinale retient en une longue nappe grise. Un à un, des soldats sortent par la porte entr'ouverte du poste, et curieusement regardent sur la route. Je suis tout près maintenant; le soleil vient en quelques secondes d'inonder la plaine de sa vive lumière que l'on sent déjà chaude sous cette première caresse. A droite, une planche clouée contre un arbre porte l'indication : *Route de France;* à gauche, une autre : *Route du cimetiere.* Et nunc erudimini...

En passant le seuil de la porte, une bouffée d'air chaud avec des relents de corps de garde me frappe le visage; en face de moi se trouve un grand bâtiment en maçonnerie élevé d'un seul étage avec une galerie en haut et en bas; tout autour de la cour, une autre galerie analogue à celle des cloîtres, sur laquelle s'ouvrent des portes à claire-voie.

Le clairon vient de sonner; les tirailleurs, placés sur deux rangs, répondent à l'appel.

Dans un coin sombre, une grosse porte en bois grince sur ses gonds et je vois sortir cinq noirs vêtus moitié en militaire, moitié en civils; leurs pieds sont entravés par deux anneaux enfilés dans une petite tringle en fer; ils marchent difficilement, à petits pas, avec un tic-tac régulier. Ce sont les soldats noirs punis de prison, qui tous les matins font les corvées et passent une heure ou deux au peloton de discipline.

Je me fais indiquer le logement du commandant qui me reçoit assez mal, ma qualité de civil n'étant pas précisément une recommandation pour lui.

Mon domestique transporte les cantines dans la

chambre qui vient de m'être désignée. C'est une grande pièce carrée, avec deux portes s'ouvrant sur la galerie et servant en même temps de fenêtres ; une porte de derrière donne sur le couloir de défense ; les murs faits de pierres jointes avec de l'argile sont tapissés de toiles d'araignées. Tout le mobilier se résume en un lit, une table et deux chaises grossièrement fabriquées en bois du pays.

Dans la matinée, je fais mes visites d'arrivant aux officiers et fonctionnaires : un lieutenant d'artillerie, un médecin, un employé du télégraphe. Nous causons longuement de Kita, des environs très giboyeux, des promenades à cheval de chaque jour ; ils me disent être rarement malades, le pays est très sain.

C'est tout ce que l'on peut souhaiter, car plaisirs, distractions, confort, n'existent pas dans les postes du haut-fleuve.

On me fait les honneurs du fort : le médecin me conduit à l'infirmerie ; nous visitons les jardins et la bananerie dont il est chargé. Avec l'officier d'artillerie je voyage d'atelier en atelier : forge, menuiserie, ferblanterie, briqueterie. Il y a même une fabrique d'huile d'arachide et de savon, une buanderie où, moyennant quelques centimes, les hommes peuvent faire blanchir leur linge.

En dernier lieu, mes nouveaux compagnons me conduisent à la *popote*. C'est ici, me disent-ils, que, matin et soir, nous, nous réunissons pour prendre nos repas en commun. Vous verrez que pour des gens ne vivant guère que sur les ressources du pays, notre table est bonne ; il y règne surtout une gaieté réconfortante ; elle nous aide à avaler les plus mauvais morceaux.

Sur cette table, recouverte d'une nappe en calicot, est dressé le couvert ; chacun apporte ce qu'il possède en vaisselle, de sorte que c'est un assortiment des plus bizarres : une assiette en faïence ébréchée et fendue, à côté une cuiller en étain, une fourchette en argent, un couteau de poche et, en guise de verre, une bouteille sciée en deux ; à une autre place, une assiette en fer battu, un couvert en ruolz et un verre de pile télégraphique. La troisième place doit être celle du docteur, car le verre est remplacée par une éprouvette graduée qui ne peut sortir que de la pharmacie.

J'envoie chercher dans ma cantine un verre à pied et quatre assiettes en porcelaine ; c'est un luxe auquel on n'est plus habitué. J'en offre une à chacun de ces messieurs et ils font fête à cette belle vaisselle blanche.

Le repas est très gai, le vin absent est remplacé par du dolo, la cuisine, accommodée au *karité* (beurre végétal). S'il fallait enlever tous les charançons qui se trouvent dans le pain on aurait trop de besogne, et le meilleur parti à prendre est de les écraser sous la dent ; le café, sucré avec de la cassonade, laisse au fond des verres une mélasse dans laquelle on aperçoit quelques crottes de rat ou un cancrelas. Il faut s'habituer, sous peine de mourir de faim, à ces inconvénients qui, en France, nous eussent soulevé le cœur de dégoût.

Après le repas, chacun va faire la sieste, et dans le fort règne alors le plus profond silence, jusqu'à l'heure où le clairon indigène, avec ses grosses lèvres épaisses, se met à bredouiller la sonnerie ordinairement alerte et modulée du réveil.

C'est l'heure chaude de la journée; on se lève, les cheveux et la barbe baignés de sueur.

En sortant de l'obscurité des chambres, dont on avait soigneusement fermé les volets, on est ébloui et les yeux se ferment sous l'éclat de cette lumière ardente du soleil qui se reflète sur la blancheur des terrasses et des murs.

Puis, chacun vaque à ses occupations jusqu'à l'heure où le soleil disparaît derrière la montagne.

D'habitude les chevaux sellés sont amenés dans la cour, mais ce jour-là on a projeté une promenade à pied au village de Makadiambougou, le plus rapproché du poste et le plus important des environs.

Notre première visite est pour le marabout Moré-Moussa. Ce personnage, grand et vigoureux vieillard, a vraiment de la dignité; sa démarche est imposante, son visage d'un beau noir, sur lequel tranche une barbiche blanche, a une expression honnête; on m'assure d'ailleurs qu'il est serviteur dévoué et ami sincère des blancs.

Sa qualité de marabout ne lui donne aucune autorité sur les Malinkés fétichistes, qui ont pourtant du respect et de la considération pour lui, à cause de ses relations avec le commandant du fort, auprès duquel il remplit les fonctions de conseiller dans les affaires indigènes, souvent indébrouillables (comme l'on dit là-bas) pour un Français peu au courant des mœurs et des chicanes captieuses des noirs.

C'est chez Moré-Moussa que trouvent asile et nourriture les traitants musulmans de passage à Kita. En même temps qu'hôtelier, il est médecin, pour les autres seulement, car lui préfère les soins du docteur du poste; malgré cela, les amulettes qu'il fabrique se vendent très cher. Ses femmes font la loi et établissent le cours des denrées sur le marché où elles tiennent différents petits commerces.

A notre entrée dans la cour, Moussa est assis devant sa case principale, sur un échafaudage en bambous haut d'un mètre vingt environ, les jambes repliées sous lui à la mode orientale. Très flatté de notre visite, il s'empresse de descendre de son perchoir pour nous serrer la main, portant chaque fois la sienne sur son cœur suivant l'usage des musulmans.

Après avoir fait étendre sur le sol une peau de mouton sur laquelle il s'accroupit dans la même position qu'il avait à notre arrivée, il nous invite à nous asseoir sur quatre petits bancs à trois pieds très bas, que des fillettes viennent de nous apporter ; grâce à l'habitude que nous avons de ces sièges, nous arrivons à conserver notre équilibre, en nous fatiguant beaucoup plus que si nous étions debout.

Je suis déjà suffisamment familiarisé avec la langue pour engager une conversation qui me vaut immédiatement toute la sympathie de Moré-Moussa, et bientôt je me vois entouré de noirs qui m'écoutent parler avec béatitude.

Un de mes nouveaux compagnons est en pourparlers depuis quelque temps avec Moussa, au sujet d'une jeune captive qu'il voudrait acheter. Comme il désire nous la faire voir, afin que nous puissions juger des avantages physiques de la jeune fille, il demande à Moussa de l'appeler ; mais celui-ci nous répond qu'elle est trop sauvage, et que si elle se doutait de quelque chose on ne pourrait la décider à paraître devant nous.

Pour trancher la difficulté, nous demandons à boire, et sur l'ordre d'une femme à laquelle Moussa fait un signe d'intelligence, la jeune captive apporte une calebasse qu'elle nous présente à genoux ; l'eau en est si fraîche que nous buvons avec un réel plaisir.

La jeune Sata peut avoir quatorze ans environ ;

elle n'est pas jolie, mais elle est merveilleusement faite; ses dents sont taillées en pointes comme des dents de scie : ceci est le résultat d'une opération particulière qui se pratique chez certaines peuplades du Ouassoulou; son regard est méchant, et son sourire, un rictus qui ne promet rien de bon pour son nouveau propriétaire. Notre interprète Momadou Camba, craignant que le mariage se fasse sans son office, arrive presque aussitôt ; nous ayant vus depuis le balcon du fort nous diriger du côté du village, il s'est empressé de venir nous rejoindre, afin de ne pas perdre la commission sur laquelle il compte pour régler les clauses du marché.

L'affaire d'ailleurs est vite bâclée : Momadou déprécie si bien la marchandise que Moré-Moussa accepte le prix offert (300 fr.). Notre ami pourra donc dès le même soir entrer en possession de son acquisition.

En sortant de chez Moré-Moussa, nous rencontrons une grande vieille femme qui, en nous apercevant, se met à danser un cancan des plus grotesques; ses jambes sèches s'agitent et s'entrechoquent sous son pagne, sa croupe se tortille avec frénésie, tandis que ses mamelles plates et ridées sautillent sur son ventre plissé; elle s'accompagne d'un chant qu'on pourrait traduire ainsi:

« Les voilà, ces bons blancs !

« Ce bon docteur !

« Et ce bon maître des canons !

« Et cet autre bon sorcier du télégraphe !

« Et cet autre bon blanc barbu !

« Ils vont donner *Nonkoloulou* (cinquante centimes) à cette bonne, bien bonne et jolie Sakoba.

« Ah les bons blancs !

« Ah les jolis blancs ! »

Une vingtaine de petits négrillons tout nus se sont groupés autour d'elle, et battent des mains en cadence.

Pendant que nous rions aux larmes, eux restent sérieux et osent à peine sourire.

C'est que Sakoba est la vieille reine du pays, et elle n'est pas toujours tendre pour la jeunesse à laquelle elle dispense assez généreusement des corrections qui ont la réputation d'être sincères. Aussi a-t-on pour elle un respect mêlé de crainte.

Je l'ai vue plus tard, cette vieille, terminer à coups de bâton une bataille entre des hommes du village, et tous ces grands gaillards, le sabre au poing et excités par les vapeurs du dolo, s'en allaient aussi penauds que des enfants qu'on aurait surpris en flagrant délit d'escapade.

Après avoir dansé, elle se met à nos genoux pour nous remercier du cadeau que nous venons de lui faire.

Elle prétend qu'elle est la maman de tous les soldats

blancs. Il est incontestable qu'elle est pleine d'attentions pour eux. Ils vont le soir chez elle boire le dolo ; elle leur fait faire connaissance avec les femmes faciles dont les maris sont absents.

Elle tient à nous accompagner et, tout en nous faisant les honneurs du village, elle nous assourdit de ses flatteries bruyantes qui attirent sur le seuil des portes tous les habitants.

Le jour tombe rapidement, et nous sommes encore dans le village ; à travers les palissades de branchages ou de paille, nous voyons briller dans les cours les flammes qui enveloppent les énormes marmites de terre où cuit le couscous. Le bétail rentre en soulevant sur son passage une poussière âcre et chaude, il se bouscule et se presse dans les ruelles étroites et tortueuses.

Nous croisons quelques jeunes filles qui vont gaiement, la calebasse sur la tête, chercher le litre de lait que chaque vacho (1) rapporte, après une journée passée dans les secs pâturages des plaines soudaniennes.

Pourquoi ne trouve-t-on pas ici, comme dans nos campagnes de France, cette rudesse d'allure chez ces filles, pourtant moins civilisées que nos paysannes ?

---

(1) Ces vaches, à peine aussi grandes que nos vaches bretonnes, sont sobres et rustiques, et pendant la saison sèche on se demande de quoi elles peuvent vivre ; néanmoins le peu de lait qu'elles donnent est excellent et très butyreux.

Il y a chez la jeune négresse du Soudan quelque chose de plus fin, de plus souple de plus gracieux.

On ne rencontre pas chez elle cette épaisseur robuste et rude de la paysanne engoncée dans des vêtements grotesques; au contraire, ce pagne qu'elle sait draper avec art ne gêne en rien la souplesse de son allure. C'est un bras remarquable de forme qu'elle arrondit au-dessus de la tête pour soutenir légèrement par derrière la calebasse ou la jarre destinée à recevoir le précieux lait. Elle fait tout avec grâce, même les besognes les plus dures, et ses mains calleuses restent fines et allongées.

Nous venons d'entendre le clairon sonner la soupe, et comme nous sommes, ce soir, les invités du commandant, nous nous hâtons de rejoindre le poste.

Dans tous les postes du Soudan et du haut Sénégal, les journées se passent ainsi, uniformément réglées, et tout aussi monotones. Au bout de quelque temps, si l'on n'a pas su se créer un dérivatif quelconque, on devient triste, on s'ennuie et l'on tombe malade; les caractères s'aigrissent et des discussions bêtes et insignifiantes finissent par mettre la discorde entre les camarades les plus sympathiques.

Kita pourtant est exceptionnel sous ce rapport; la plus grande entente règne dans l'état-major. A quoi cela tient-il?

Il paraît que la coutume, au poste, est de prendre

femme, et l'on m'affirme que si je ne m'y soumets pas, je ne serai pas à prendre avec des pincettes dans quelque temps.

Somme toute, la première expérience que j'ai faite à Longtou n'a pas été si désagréable, et je promets de me laisser faire; il est donc convenu que chacun se mettra en campagne auprès des chefs des villages voisins pour me donner une compagne.

Vers la fin du repas, je vois arriver quatre jeunes filles parmi lesquelles je reconnais Sata, toute timide et décontenancée, malgré les encouragements que lui prodiguent ses trois compagnes, qui, elles, très gaies et tout à fait à l'aise, prennent place sur un banc élevé d'où elles dominent la table; elles chuchotent en montrant du doigt les plats qu'on nous apporte, et leurs yeux disent assez qu'elles auraient bientôt fait d'engloutir ces énormes morceaux que nous touchons à peine. A la fin du repas, on leur fait une petite distribution de dessert qui se compose de pâtisserie faite par le cuisinier, dont la spécialité est la confection des pets-de-nonnes et des biscuits de Savoie.

CHAPITRE XIII

Marchés indigènes à Kita. — Querelles de femmes, leur manière de lutter. — Intervention du commissaire de police. — Bodian. — Nadouba et son histoire.

Deux fois par semaine, le dimanche et le jeudi, il y a grand marché près du fort de Kita. Les commandants de cercle favorisent le plus qu'ils peuvent le fonctionnement de marchés périodiques, dans le voisinage des postes qu'ils occupent ; il est facile de comprendre combien la colonisation peut obtenir de profit moral et commercial de cette institution. D'une part, les caravanes qui descendent ou qui remontent la ligne de nos postes tirent un avantage qu'elles apprécient de ces sortes d'étapes, où elles peuvent écouler, échanger, ou renouveler leurs marchandises sans se déranger de leur route. Or, on ne peut se dissimuler qu'à l'heure présente la caravane joue dans l'occupation un rôle de renseignement et de pénétration qui n'est pas à dédaigner. D'autre part, on relève peu à peu le noir de son apathie et de sa paresse, en lui démontrant ce que peut lui rapporter son travail, dont il écoule lui-même le produit et touche le profit sans intermédiaire d'aucune sorte.

Les traitants nègres qui viennent de Saint-Louis

sont installés sous deux hangars construits à cet effet et qui occupent toute la longueur de la place ; ils étalent aux yeux des indigènes des marchandises qui passent ici pour de riches nouveautés ; ce sont ordinairement de vieux fonds de magasins d'origine étrangère. Si, par hasard, on rencontre quelques pièces d'étoffe portant ostensiblement la rubrique : *Toile de France*, on peut être assuré que c'est un article anglais dont le métrage est inscrit en yards.

Les indigènes s'installent au centre de la place, au milieu de leurs marchandises, à la manière des paysans de nos campagnes.

Ces marchés prennent de jour en jour une importance de plus en plus considérable, et les noirs, qui commencent à comprendre les avantages qu'ils peuvent tirer de leur établissement, y apportent d'eux-mêmes tout ce qu'ils croient susceptible d'être échangé ou vendu.

On y voit de tout : du mil, de l'or, de la poudre, des armes, des peaux, du sel en barres de vingt à vingt-cinq kilos (qui représentent une valeur de cent cinquante à deux cents francs), des chaussures de fabrication locale, des pagnes venant de Seigou, d'un dessin et d'une finesse remarquables, si l'on songe aux métiers primitifs qui servent à les fabriquer. Les forgerons vendent des outils aratoires, des couteaux, des bijoux qu'ils ont fabriqués, etc., etc.

Un petit coin du marché est destiné à la vente des esclaves.

Nos matinées du dimanche se passent en flâneries au milieu de ce peuple noir qui discute et se querelle. Ici comme partout, on retrouve ce trait distinctif du caractère de la femme : le souci de ses intérêts, le besoin de marchander toujours et quand même ; il en résulte de fréquentes disputes qui dégénèrent souvent en batailles fort divertissantes pour les spectateurs, en crêpages de chignons, pour employer une expression consacrée, mais impropre en la circonstance.

Je l'ai déjà dit, la gorge si belle chez la jeune fille nègre est vite défraîchie par la maternité ; l'habitude de porter l'enfant sur la croupe en le soutenant à l'aide d'un morceau d'étoffe qui s'attache sur la poitrine vient encore hâter cette déformation, et chez les femmes de trente ans les seins ne sont plus que de véritables poches élastiques et tombantes. C'est sur ces lamentables choses qu'elles se jettent avec fureur ; elles les saisissent violemment, les secouent en se pendant après ; mais comme elle les ont enduites de graisse, suivant la mode du pays, les mains glissent ; elles se cramponnent avec les ongles, cela glisse toujours jusqu'à ce que,... au bout du sein la culbute, les deux combattantes tombent sur le dos au milieu des rires et des huées de la foule. Mais elles sont aussitôt debout et, plus furieuses encore, elles recommenceraient sans l'intervention inopinée d'un petit homme crasseux et laid qui, armé d'un grand sabre de cavalerie, s'avance en trottinant et fait écarter la foule. Ce personnage est Bodian, le commissaire de police nommé par le commandant du cercle, et qui représente à lui seul la force publique. On croit qu'il va prendre part à la bataille, tellement il paraît furieux, il parle avec véhémence, il se place entre les deux femmes et leur distribue les plus grosses insultes qui puissent être proférées en malinké. Après avoir ainsi donné libre cours à sa colère il se fait expliquer le motif de la querelle; alors, ainsi que cela se passe d'ailleurs dans les pays les plus civilisés, les deux adversaires et toute la foule ensemble se mettent à lui donner des explications; chacun veut se faire entendre et c'est à qui criera le plus fort. Au milieu de tout ce tapage, Bodian redevient furieux et finit par emmener les deux femmes au fort où on les emprisonne jusqu'à ce qu'elles soient apaisées. Il faut le voir quelquefois se jeter à la gorge d'un homme qu'il veut arrêter; on ne peut mieux le comparer qu'à un chat sauvage sautant au cou d'un bœuf. Mais si petit et si faible qu'il soit, sa façon de parler intimide les gaillards les plus robustes et les plus récalcitrants.

Journellement il administre des coups de corde dans les villages, ce qui ne l'empêche pas de circuler jour et nuit, sans que jamais personne ait osé le toucher.

Doit-il cette sécurité au prestige qu'exerce son grand sabre? J'en doute, car il lui est impossible de s'en servir sans employer les deux mains. La vraie raison de son pouvoir et de son immunité, c'est que la population est douce, inoffensive, docile, et que Bodian est le représentant de l'autorité.

Un dimanche matin, dans une de mes promenades, je remarque, au milieu d'une dizaine d'esclaves en vente, une fillette dont il était assez difficile de fixer l'âge. Les noirs ne comptant pas les années ne savent jamais leur âge, ni celui de leurs enfants; mais ils ont des expressions qui peuvent servir d'indication, et pour cette fillette, on peut employer celle de *sougourou*. C'est-à-dire l'âge ingrat pour une jeune fille, treize ou quatorze ans en France, et douze pour ma petite négresse. Celle-ci a dû beaucoup souffrir, car elle est d'une maigreur horrible et ses reins portent de longues cicatrices à peine fermées, comme celles que l'on remarque longtemps après l'administration de coups de corde.

Bien qu'habitué déjà à de pareils spectacles, je suis attendri, je ne sais pourquoi, par les souffrances de cette malheureuse enfant. Son pauvre petit visage est touchant et expressif; sans être jolie, sa figure qu'éclairent de grands yeux tristes et profonds a conservé, malgré l'esclavage, un air d'indépendance et de fierté peu ordinaire.

Je m'approche du propriétaire des esclaves et, pouvant à peine réprimer mon indignation, je le questionne sur les raisons qui lui ont fait maltraiter ainsi cette enfant.

Je dois avoir l'air terrible, car il paraît très intimidé et balbutie quelques explications que j'interromps en lui demandant le prix qu'il exige de sa captive : Trente pièces de guinée (450 fr.), me répond-il.

Bodian se trouve à propos sur le marché en ce moment, je l'appelle et lui dis d'estimer la valeur exacte de l'enfant.

« Ça, tu peux en donner dix pièces (150 fr.), et ce sera bien payé. »

Le traitant proteste, ne veut pas descendre au-dessous de 300 fr.; enfin, après une heure de pourparlers, il finit par accepter le prix de seize pièces de guinée, soit 240 fr.

L'avouerai-je? Une fois en possession de mon acquisition, je suis très embarrassé et presque honteux. Que vont dire mes camarades? Bien certainement je provoquerai leur hilarité en me transformant ainsi en saint Vincent de Paul et en petit manteau bleu des captives. Surmontant mon embarras, je prends l'enfant par la main et me rends au fort. Le docteur, loin de me plaisanter, prend la chose très au sérieux et m'offre de soigner les blessures de *Badiba;* c'est le nom qu'a donné le traitant à la petite fille.

J'accepte avec plaisir, et tandis que l'infirmier procède aux premiers pansements, j'envoie acheter un pagne, un boubou et un joli collier en verre doré.

La pauvre enfant semble toute surprise des soins que l'on a d'elle; la vue des beaux vêtements neufs surtout fait passer un éclair de joie dans ses yeux, et c'est avec un soupir de soulagement qu'elle se drape dans son pagne, heureuse de cacher sa nudité.

Parmi mes employés noirs se trouve un brave et honnête homme du nom de Moussa-Boré; depuis quelques années, il vit dans le pays, où il s'est marié; il est père de plusieurs enfants; c'est à lui que je confie Badiba, en lui recommandant de ne pas la faire travailler avant qu'elle soit complètement rétablie.

C'est avec une véritable joie que je vais voir tous les jours, à l'heure de notre promenade du soir, ce petit être humain qui est ma propriété.

J'arrive tout doucement, me faufilant à travers les cases du village, et je surprends presque toujours Badiba jouant avec d'autres fillettes de son âge. Mais aussitôt qu'elle m'aperçoit à travers les palissades qui entourent l'habitation de Moussa-Boré, elle prend un air sérieux et timide, comme si elle venait d'être surprise en faute.

C'est en vain que j'essaie de lui faire comprendre qu'elle n'a rien à craindre de moi, qu'elle est libre de jouer à sa guise, je n'arrive ni à la convaincre ni à la rassurer.

Au bout d'une semaine, pourtant, elle vient au poste accompagnée de Moussa-Boré ; elle est très coquettement vêtue, bien coiffée, couverte de bijoux, empruntés probablement à des amies du village.

Vraiment, je lui trouve très bon air et elle semble tout à fait à l'aise sous cette parure de fête ; je commence à être fier de cette petite personne et je suis curieux de connaître son origine.

Avec l'aide de Moussa, je lui pose les questions suivantes :

— Comment s'appelle ton village ?

Elle me répond un nom qu'il m'est impossible de trouver sur la carte.

— Quand as-tu été faite captive ?

— Il y a cinq lunes..

— Qu'était ton père ?

— Mon père était chef, il avait une grande barbe blanche.

— Le village de ton père était-il grand ?

— Oh oui ! il avait beaucoup de chevaux, des captifs, de l'or, et elle me montre ses oreilles percées chacune d'une dizaine de trous, qu'on voit agrandis par le poids des anneaux.

— Avais-tu ta mère ?

— Oui, j'avais aussi une sœur, Téni, très très jolie. Elle était dans la caravane, avec moi. Le chef des Duilhas l'a changée en route contre un cheval.

— Te rappelles-tu les noms de ceux qui ont attaqué ton village ?

— Non. — C'était un matin. — Tout le monde était dans les cases, parce qu'il pleuvait beaucoup. — Un grand nombre de cavaliers sont entrés dans le *Tata* (construction en terre); ils ont coupé le cou à beaucoup d'hommes et nous ont fait sortir des cases en y mettant le feu. — On nous a menés tous attachés par le cou bien loin, en tournant le dos au soleil. — Arrivés dans un grand village, nous avons été vendus à des Duilhas.

— Tu as été bien maltraitée par ces Duilhas?

— Oh oui! Ils m'ont d'abord appelée *Badiba* (abréviation de petite chèvre) pour se moquer de moi; puis, quand ma sœur a été vendue, j'ai attendu la nuit pour fuir; mais j'ai été rattrapée et bien battue, puis mise aux fers.

Elle me dit encore que son vrai nom était Nadouba.

— Eh bien ! Nadouba, lui dis-je, es-tu contente d'avoir été achetée par moi?

— Oui, tu n'es pas méchant, toi; les premiers jours, j'avais très peur, parce que je n'avais jamais vu de blanc et que les Duilhas les disaient très mauvais et qu'ils avaient de gros fusils qui tuaient cent hommes d'un coup.

Ce petit dialogue terminé, je donne congé à Nadouba en lui glissant deux pièces de monnaie dans la main. Elle paraît très étonnée, et me demande ce que c'est que cela. Elle n'avait jamais vu d'argent dans son pays, les seules monnaies en usage étant : le captif, le bœuf, le sel, la guinée et le cori (coquillage).

CHAPITRE XIV

L'arrivée du courrier de France. — Les nègres et les images.— Étonnements de Nadouba.

Nous sommes au mois de mars; deux courriers de France nous sont déjà arrivés, mais les nouvelles les plus récentes datent de janvier. Malgré ces deux mois de retard, les chères lettres sont lues et relues chaque jour avec autant de plaisir que si elles étaient de la veille ; il nous semble toujours y découvrir de nouvelles tendresses

Quelle joie, chaque quinzaine, lorsque la sonnerie : *As-tu vu la casquette ?..* etc., nous signale que les porteurs chargés des précieux fardeaux sont en vue sur la route.

On se précipite au bureau où le malheureux employé a toutes les peines du monde à faire le dépouillement des sacs au milieu de ces trente et quelques jeunes gens impatients et avides d'avoir des nouvelles de leur famille.

L'employé vient de vider sur le sol le contenu des sacs, et à mesure qu'un nom lui tombe sous les yeux, il nomme le destinataire qui élève les mains et reçoit à la volée. Quelquefois, il commence à appeler un nom et s'arrête à la première syllabe, puis jette la lettre dans un casier, sur le haut duquel est écrit en belle ronde : *Décédés*.

La distribution terminée, il règne pendant un instant le plus grand silence. Chacun se recueille pour savourer religieusement sa correspondance, et on n'entend plus que des froissements de papier.

Les heureux qui reçoivent des journaux illustrés comptent ce jour-là beaucoup d'amis.

Nadouba se trouve justement au fort un jour d'arrivée du courrier ; elle est toute joyeuse, lorsque je veux bien l'autoriser à venir, comme aujourd'hui, passer un instant dans ma chambre où il y a toujours quelque surprise pour elle. Il faut peu de chose pour la rendre heureuse, et une boîte de petites perles que je lui ai donnée suffit à l'occuper et à l'amuser. Elle se confectionne des bagues multicolores dont elle garnit tous ses doigts, elle est si sage dans son petit coin que j'ai complètement oublié sa présence.

Le clairon vient de sonner le courrier, et je me précipite en courant au bureau de poste.

Au bout d'un moment, je reviens avec de bonnes nouvelles et des photographies de toute ma famille.

Oubliant tout ce qui se passe autour de moi, la tête entre les deux mains, je relis mes lettres que je n'ai eu que le temps de parcourir.

Nadouba, très intriguée et surtout très curieuse,

veut savoir ce qui peut bien m'absorber ainsi. L'entendant s'approcher, je me retourne. Sans attendre que je lui aie parlé, elle me désigne d'un petit signe de tête les photographies qui sont devant moi, et me dit en bambara : Qu'est-ce que c'est ?

— Ceci, Nadouba ? C'est ma mère, ma sœur et mon frère, dis-je en lui désignant une à une les personnes de ma famille.

Il est facile de voir qu'elle ne comprend pas du tout ; elle touche les photographies, les tourne et les retourne en passant son doigt dessus, et ce n'est qu'au bout d'un moment, après que je lui ai indiqué les yeux, le nez, la bouche, qu'elle comprend l'image et encore me dit-elle :

— Ils sont bien petits.

Souvent j'ai montré à des noirs des dessins ou des gravures, et je n'en ai jamais rencontré un seul qui se rendît compte sans explication de ce qu'il avait sous les yeux.

Il n'ont aucune idée de la perspective et s'étonnent toujours de voir au premier plan un homme beaucoup plus grand qu'un cheval placé dans le lointain.

Je suis obligé d'entrer avec Nadouba dans des explications qui n'en finissent plus, et je suis quelquefois très embarrassé pour répondre à ses questions. Son étonnement est grand, lorsque je lui dis que très souvent je reçois des lettres de ma mère.

Mais alors, me dit-elle, ta mère c'est un *Moré* (savant marabout); montre-moi les papiers qu'elle t'envoie.

Je lui montre une lettre, sur laquelle elle promène le bout de ses doigts comme pour se rendre compte de la nature des caractères qui y sont tracés. Puis, relevant la tête, elle me dit : Les femmes noires ne connaissent pas ça. Mais pourquoi as-tu laissé ta mère dans le pays des blancs pour venir chez les noirs ?

— Parce qu'il faut travailler pour gagner sa vie, et que le gouvernement qui me commande et me paie m'a envoyé ici.

— Mais alors le pays des blancs est bien pauvre puisqu'ils viennent ici pour gagner leur vie ?

J'essaie de faire comprendre à Nadouba que nous avons aussi un but philantrophique; que nous avons voulons civiliser et coloniser le pays; châtier les méchants; protéger les braves gens et supprimer l'esclavage; mais je crois qu'il me faudra encore longtemps avant de la convraincre qu'il y a sur terre des hommes dont le seul but n'est pas d'opprimer les faibles.

Cette réflexion est générale chez les noirs. Leur surprise est toujours profonde de voir les blancs qui souffrent tant de leur climat s'installer dans leur pays, et il est bien malaisé de leur faire saisir l'idée de colonisation; ils ont d'ailleurs jusqu'à l'heure présente de bonnes raisons pour cela.

Nadouba termine presque toujours ces petites conversations, que j'encourage, afin de me perfectionner dans la langue bambara, par cette conclusion : Si les blancs étaient tous comme le docteur et **moi**, ce que je dis serait vrai.

On ne peut se figurer ce que cette petite sauvage tient de place dans ma vie. Quand je reste une journée sans avoir entendu son amusant charabia, il me semble que quelque chose me manque.

Somme toute, c'est mon enfant d'adoption et je commence à en être fier. C'est un brave petit cœur; elle ne fait encore rien, c'est vrai, mais est plutôt disposée à connaître le bien que le mal.

De religion, elle n'en a jamais eu d'autre que celle des grigris, et quand je lui parle de la nôtre, elle devient toute rêveuse et dit :

— Ça, c'est pour les blancs. Mais le *Allah* (Dieu) des blancs ne voudrait pas connaître une petite noire.

Je lui promets de lui apprendre à parler avec le Dieu des blancs, et que dans le cas où il ne comprendrait pas, je lui servirais d'interprète.

Comme tous les noirs, elle a une mémoire étonnante, et j'espère bien lui apprendre beaucoup de choses; elle retient surtout les airs de musique; elle m'en a entendu fredonner quelquefois, et quand elle se croit seule, elle les redit très exactement, sans oublier même les fausses notes, que je ne ménage pas.

Elle affectionne particulièrement un air breton qui

m'obsède depuis plusieurs jours ; je ne sais si la mélancolie sauvage dont il est empreint lui rappelle quelque mélopée de son pays, mais pendant des heures elle le répète, toute pensive, et souvent des larmes mouillent ses yeux.

Je fais quelquefois de pénibles réflexions sur le sort que l'avenir réserve à Nadouba. J'ai deux ans à rester ici, mais deux ans ! c'est vite passé, et alors, sans protecteur, sans ressources, livrée à elle-même, que deviendra-t-elle ?

CHAPITRE XV

Organisation sociale des villages indigènes. — Responsabilité des chefs. — Les Malinkés. — Leurs aptitudes. — Visite chez un forgeron. — Instruments de musique. — Fête de la circoncision des garçons.

Les villages se divisent par groupes de cases commandés par des notables, qui sont eux-mêmes sous les ordres d'un chef de village, dont l'autorité est partout bien illusoire, si l'on excepte toutefois quelques rares jeunes gens énergiques qui savent se faire respecter. Dans la plupart des cas, le chef est un vieillard maladif, impotent et souvent aveugle, qui n'a que les ennuis et la responsabilité de son rang ; il est même quelquefois le plus misérable de son village ; lors des réquisitions en grains, que nous faisons chaque année, pour subvenir à la nourriture des troupes indigènes et des animaux de nos colonnes expéditionnaires, le chef du village est le premier qui vide ses greniers, et en outre il est seul exposé à toute la sévérité du commandant de cercle, qui lui croit assez d'autorité pour exiger de ses sujets le reste des fournitures, et presque toujours le malheureux n'en peut rien obtenir que par la prière, bien heureux encore s'il n'est pas bafoué par eux lorsqu'il essaie de les apitoyer par l'énumération des pénalités que le commandant lui fera subir, si quelques calebasses de mil viennent à manquer.

Notre intervention devrait pourtant suffire à affirmer cette autorité des chefs, et tout le monde y trouverait avantage; à condition, toutefois, que dans certains cas les vieillards incapables de commander fussent remplacés par des chefs effectifs responsables vis-à-vis de nous.

Si, jusqu'à présent, les Malinkés ont vécu dans une effroyable apathie, due à la crainte continuelle de tomber, un jour ou l'autre, sous la domination détestée des chefs musulmans, il n'en est plus de même aujourd'hui que notre occupation les protège contre toute incursion.

C'est le peuple le plus industrieux du Soudan français, et si nous voulons tirer quelque chose de cette partie de l'Afrique, eux seuls nous en fourniront les moyens; nous pourrions facilement utiliser les aptitudes qui existent chez eux à l'état latent et qui ne demandent qu'un peu de confiance et d'encouragement pour se révéler et se développer.

Leur sol est fertile; ils sont déjà et peuvent surtout devenir d'excellents cultivateurs, et dès qu'ils verront la possibilité d'écouler leurs denrées d'une façon lucrative, nous pouvons être certains que les immenses terrains actuellement en friche deviendront de belles et riches plantations.

Ils sont très habiles ouvriers, et leurs travaux sont vraiment surprenants de finesse et de précision, étant donné l'outillage défectueux et rudimentaire dont ils disposent : les travaux consistent aussi bien en bijoux qu'en armes et en outils. Le même ouvrier qui aujourd'hui aura taillé une crosse de fusil dans une bille de bois, ou forgé une pioche, montrera demain la même habileté en fondant et en martelant un bracelet ou une bague en métal précieux.

D'ailleurs, rien ne nous est plus facile que d'aller visiter l'atelier d'un de ces ouvriers ; là, nous serons mieux à même d'apprécier son adresse.

Nous entrons, en nous baissant beaucoup, sous un grand chapeau de paille, c'est-à-dire un toit de case, élevé du sol par quelques piquets, à la hauteur de deux pieds environ. Inutile d'insister sur la chaleur étouffante qui règne sous cette cloche ; l'abri est très mince et la chaleur naturelle du soleil vient se joindre à celle d'un brasier de charbons de bois sur lequel un négrillon ne cesse de souffler à l'aide de deux outres qu'il gonfle et presse alternativement.

Le forgeron est accroupi en face de ce brasier, à côté de lui se trouve une jarre pleine d'eau, dans laquelle il fait ses trempes, puis un coffret contenant ses outils : marteaux, pinces, limes, ciseaux à froid, herminettes et hachettes, tout cela fabriqué par lui ; il tient entre ses deux pieds une petite enclume sur laquelle il martèle un morceau de fer, qui sera dans quelques instants un chien de fusil; il prend souvent le modèle, le rapproche de son travail, et c'est ainsi que par tâtonnements, sans employer d'autres outils qu'une pince, un marteau et une lime, il arrivera à faire une copie très exacte de tous les objets que vous lui confierez : clefs, éperons, ciseaux, couteaux, chaînes, etc.

Lorsqu'un fusil a éclaté vers le milieu du canon, le propriétaire de l'arme va trouver le forgeron.

Le canon est scié au-dessus et au-dessous de la brisure, les deux bouts sont rapprochés et soudés. Dire que l'arme est solide, qu'il n'y a aucun danger à s'en servir, serait exagéré ; mais les noirs n'y regardent pas de si près ; ils en sont quittes pour allonger le bras et détourner la tête en faisant feu.

J'ai connu à Kita un chasseur qui se servait depuis près de dix ans, m'a-t-il dit, d'un fusil ainsi réparé ; de temps en temps, lorsque la charge était trop forte, le haut du canon allait tomber à quelques mètres devant lui, et il rentrait au village le faire resouder.

Il m'a été donné de voir exécuter par ces forgerons primitifs un travail véritablement prodigieux d'adresse; c'est la fabrication de l'extracteur d'un fusil de chasse à percussion centrale, ceci m'a paru un tour de force.

La fabrication de la poterie est exclusivement réservée aux femmes de forgerons. Elles sont assez adroites et obtiennent, sans tour, des formes très régulières ; mais la cuisson est défectueuse. N'ayant pas de fours, elles rangent en tas au milieu d'une place les vases qui doivent être cuits et les couvrent de branchages secs, auxquels elles mettent le feu.

Les Malinkés tannent et travaillent le cuir. Les objets qu'ils font ainsi sont très variés et ne manquent pas de cachet : ce sont des harnachements et des selles de forme arabe ; des pantoufles sans quartier et sans talons, des sachets à balles, des bourses ; des porte-aiguilles, des carniers, et des amulettes de toutes formes et de toutes grandeurs, le tout enjolivé de mosaïques obtenues par l'application de cuirs de différentes couleurs, ou bien en enlevant le vernis de la basane aux endroits dont on veut changer la teinte.

Ils aiment beaucoup la musique, et leurs instruments sont assez perfectionnés : le *balafon*, entre autres, est une sorte de xylophone dont les touches, en bois très dur, reposent sur des petites calebasses creuses ; d'un peu loin, le son de cet instrument rappelle à s'y méprendre celui du piano. Le *kora* est une harpe à vingt et une cordes montées sur une énorme calebasse.

Ils ont aussi une grande variété de guitares, ayant de une à six cordes ; des flûtes en bambou, des cornes, des clochettes et des tambourins de toutes les dimensions.

L'usage de tous ces instruments est réservé aux griots, sauf les cornes, qui sont employées par les captifs.

Nous devons assister aujourd'hui à une grande fête. C'est demain la circoncision des jeunes garçons du village de Makadiambougou, et les virtuoses les plus renommés viennent prêter leur concours à cette solennité.

L'orchestre se compose de huit balafons, cinq koras une vingtaine de guitares, des flûtes, des tambourins et des tam-tams, en un mot tout ce qu'on a pu rassembler de musiciens et d'instruments ; il y a également des chœurs de femmes et de jeunes filles.

Les fréquentes libations de dolo, faites depuis le matin, ne sont pas étrangères à l'ardeur musicale et chorégraphique que chacun déploie déjà en attendant le commencement de la solennité.

Le prix du *gouro* a doublé, et ce précieux aphrodisiaque commence à manquer sur le marché, tellement les habitants du village en ont fait de grandes provisions.

Vers trois heures de l'après-midi, nous voyons se diriger du côté du fort une foule nombreuse.

Le soleil, alors dans toute son ardeur, jette sur la bigarrure des costumes une lumière éblouissante.

Ce sont les jeunes héros de la fête qui, accompagnés des griots, viennnent en grande pompe saluer le commandant et tâcher d'obtenir de lui quelques générosités.

La mise en scène est splendide. Durant mon séjour au Soudan, je n'ai encore rien vu de semblable. Les populations de dix-huit villages sont là, en costume de fête, et cette masse humaine s'avance en désordre avec un brouhaha auquel se mêle une musique au rythme sauvage, pendant que les salves de mousqueterie éclatent de toutes parts et vont se répercuter en déchirements rauques dans les flancs de la montagne.

On est obligé de fermer les portes pour éviter l'envahissement du fort par cette foule bruyante, et le commandant nous invite à l'accompagner sur la place où il a l'intention de distribuer quelques cadeaux.

Bodian, qui déploie un zèle extraordinaire, a toutes les peines du monde à nous ouvrir un passage, et il administre çà et là des taloches à l'aide d'un morceau de fer recourbé, en forme de marteau ; il paraît que cet argument est éloquent, car nous avançons sans être trop bousculés ; d'ailleurs on nous a reconnus et des griots commencent à nous faire une ovation.

Les futurs circoncis sont au nombre d'une trentaine, de 12 à 14 ans. Ils sont en grand boubou de fête, couverts des bijoux et des amulettes de leurs familles respectives. Leur figure est rayonnante ; tout ce que l'on chante autour d'eux pour les encourager à supporter vaillament la brutale opération les excite et les grise.

D'une voix criarde et éraillée qu'il fait sortir de la gorge, le chef des griots leur dit :

« Demain, vous serez purs ! Vous serez des hommes ! Vous pourrez faire la guerre. Les cavaliers de Samory fuiront devant vous ! »

Les femmes et les jeunes filles reprennent en chœur presque textuellement les mêmes paroles ; puis les griots continuent tous ensemble :

— Un Malinké n'a pas peur de laisser couler son sang.

Les jeunes filles : — Les fils de Malinkés n'ont pas peur du couteau.

Les griots : — Demain toutes les femmes seront contentes de vous, etc., etc.

Et pendant toute la durée de la fête, on leur chante sur tous les tons et sur tous les airs de semblables litanies.

Je passe sous silence les détails concernant l'opération elle-même.

Armés d'un sabre, les héros de la journée viennent l'un après l'autre, en piétinant, danser devant nous un pas guerrier, qui consiste à mimer des parades et des gestes menaçants contre un ennemi imaginaire, pendant que d'une main, encore inhabile, ils essaient de faire tournoyer la lame brillante autour de leur tête ;

ils ont des inflexions des jambes qui donnent à leur corps jeune et souple un mouvement de gauche à droite excessivement gracieux.

Puis à leur tour les femmes et les jeunes filles dansent en faisant rouler la tête sur les épaules avec une telle vigueur que la nuque vient toucher le dos, ce qui produit sur le spectateur une impression des plus désagréables.

Cette danse n'est pas jolie ; c'est un véritable tour de dislocation auquel les femmes sont habituées dès l'enfance. Il semble, par la rapidité du mouvement, que la tête ne tienne plus aux épaules que par une charnière.

Le commandant distribue quelques mètres d'étoffe, de la verroterie, des petites bouteilles d'eau de Cologne, des gouros, et nous rentrons au fort, heureux de respirer plus librement, car, vraiment, par quarante et quelques degrés de chaleur, se trouver au milieu de trois mille nègres en transpiration, est une chose affreuse, et l'odeur de la poudre brûlée semble un parfum délicat...

Les chants et les danses continuent toute la nuit ; mais, désireux d'assister à la cérémonie qui n'a lieu qu'au lever du soleil, nous ne faisons acte de présence au tam-tam du soir que pendant une demi-heure.

L'interprète nous dit que la circoncision se fait publiquement et qu'à part les femmes tout le monde peut y assister ; qu'en général, les noirs n'aiment pas la présence des blancs, mais que cependant, pour le commandant et les officiers du fort, cette exclusion n'existe pas.

Depuis bientôt trois ans que je suis dans le pays, j'assiste pour la première fois à cette cérémonie, bien curieuse à différents points de vue.

Ici, je ne parlerai que du courage vraiment étonnant dont ces enfants font preuve.

L'instrument dont se sert le forgeron chirurgien est un mauvais couteau en fer du pays, aiguisé à la lime et passé sur un caillou. Les patients chantent, les bras en l'air, et sourient aux spectateurs enthousiasmés qui déchargent leurs fusils en poussant des cris sauvages.

Lorsque l'opération est terminée, on assied l'enfant dans le sable chaud, où il est enterré jusqu'à la ceinture. Il est ensuite cloîtré pendant un mois environ dans une case d'où il ne doit sortir que complètement guéri.

Jusqu'à l'époque de la circoncision, les jeunes garçon sont très négligés dans leur tenue ; ils ne portent pas de costume, ou si peu qu'il est inutile d'en parler.

Les fillettes non plus n'attachent pas beaucoup d'importance au vêtement ; deux petites bandes d'étoffes de quelques centimètres de large, l'une pendant devant l'autre derrière ; autour des reins des colliers en verroterie, auxquels elles attachent des grelots, des clochettes et des boutons d'uniforme militaire. Si ce costume est simple, on peut dire qu'il est également de bon goût eu égard aux personnes qui en font usage; il leur sied et elles le portent avec grâce. Les couleurs vives de la verroterie tranchent agréablement sur le bronze noirâtre de leur peau, et en marchant elles ont des sautillements de petits cabris qui font sonner tout ce clinquant.

CHAPITRE XVI

Condition des femmes chez les Malinkés — Nadouba demandée en mariage — Son amitié pour Sata — Leurs querelles.

La plaine de Kita n'est arrosée par aucun cours d'eau ; seuls, quelques ravins, desséchés pendant huit mois de l'année, se transforment, au moment des pluies de l'hivernage, en torrents impétueux, qu'alimentent les eaux limoneuses des plaines et des montagnes.

Pour suppléer au défaut d'eau pendant la saison sèche, les indigènes creusent des puits, soit dans les villages, soit aux environs ; autour de ces puits s'étendent de petits jardinets, de quelques mètres carrés, clos de haies en branchages. C'est là que les femmes passent la plus grande partie de la journée dont les heures les plus chaudes sont réservées aux ablutions et au lavage du linge. N'ayant pas à craindre l'œil indiscret des *Toubabs* (blancs) qui n'osent s'aventurer au soleil torride de midi, elles peuvent se livrer à leurs ébats en toute sécurité ; aussi s'en donnent-elles à cœur joie, et c'est au milieu de bruyants éclats de rire que, dans le simple appareil de la Vérité, elles couvrent leur corps de la neige mousseuse du savon.

Matin et soir, puisant l'eau à l'aide d'une calebasse attachée par une corde, elles arrosent scrupuleusement les quelques légumes d'assez médiocre qualité qui croissent à l'ombre maigre de trois ou quatre papayers : oignons, tomates, niébés (1), gombos, piment, etc.

Tandis que l'homme court le pays ou reste accroupi sur une natte au seuil de sa porte, inoccupé, ou bien cousant les vêtements, — travail peu fatigant qu'il a su se réserver, — la femme vaque à tous les gros ouvrages ; c'est elle qui cultive, fait les récoltes, soigne les animaux, pile et prépare le couscous, etc.

Toutefois cette servilité chez la femme est bien plus apparente que réelle, et ne lui enlève pas toute autorité dans le ménage.

Il n'est pas une relation de voyage qui, en parlant des mœurs de ces pays, ne présente la femme comme une bête de somme, obéissant et travaillant sur l'injonction brutale du mari dont elle est la chose.

C'est bien en effet la première impression qu'on éprouve en arrivant ici ; et à moins de rapports intimes et journaliers avec les indigènes, un séjour, même prolongé parmi eux, ne saurait faire perdre ces idées préconçues ; mais, pour ma part, ma longue fréquen-

---

(1) Sorte de haricots.

tation des races noires qui habitent ces régions me permet d'affirmer que la femme n'y est pas aussi avilie qu'un examen superficiel peut le faire croire.

En somme, ce que les noirs demandent à leurs femmes n'a rien d'extraordinaire. Sans cesse en guerre, ne vivant que de chasse et de pillage, les hommes, presque toujours dehors, se reposent sur elles de la totalité des soins du ménage ; et si, au retour, il leur arrive parfois de les rudoyer un peu, sommes-nous bien fondés à pousser les hauts cris et à les accuser de tyrannie ! — Chez-nous, qui nous piquons de civilisation, la femme est-elle donc toujours entourée de tant d'égards et de respect ? Dans certaines classes de notre société la femme n'a-t-elle pas presque toujours sinon les travaux les plus rudes, du moins les besognes les moins agréables, et ne récolte-t-elle pas bien souvent, en échange de son dévouement, des mauvais traitements physiques ou moraux, auxquels elle ne peut que rarement se soustraire sans déchoir ?

Ici, au contraire, si elle est trop maltraitée, elle est toujours libre, en restituant la dot, de quitter son mari pour en prendre un autre : procédé de divorce sommaire qui peut effaroucher la susceptibilité de notre morale étroite, mais qui, quoi qu'on en pense, rend les relations entre époux beaucoup plus cordiales qu'on ne pourrait le croire.

Il est vrai qu'ici l'éducation des enfants n'est pas un obstacle à ces séparations. J'ai vu plusieurs ménages se désunir de cette simple façon, les enfants restaient toujours avec leur mère.

Je ne parle pas, bien entendu, de la catégorie, d'ailleurs moins nombreuse, des femmes esclaves, véritable marchandise, achetée aujourd'hui, vendue demain si elle cesse de plaire; elle est souvent maltraitée. Plaignons son sort, accusons le défaut de civilisation. Mais ce serait une grave erreur de conclure que sa situation pitoyable est la conséquence fatale de son sexe.

Il est bien évident qu'à l'heure qu'il est, la sœur de Nadouba, à moins qu'elle soit tombée entre les mains d'un chef qui ait su apprécier sa beauté, doit être employée aux travaux les plus dégradants et traitée de la pire façon. Nadouba, au contraire, libre et heureuse, s'est en peu de temps transformée au point qu'il serait difficile, pour celui qui n'aurait pas suivi les phases de cette métamorphose, de reconnaître en elle la pauvre petite esclave maigre et chétive, achetée il y a quatre mois sur le marché. Elle a beaucoup grandi; sa poitrine, aux contours fermes et arrondis, soulève légèrement son boubou en mousseline blanche; sa démarche et tous ses mouvements deviennent souples et onduleux; ses yeux, autour desquels elle met quelquefois une sorte de sable bleuâtre d'un brillant métallique comme de la plombagine, ont une expression profonde et caressante; ses cheveux, longs maintenant, sont rassemblés en un cimier gracieux chargé de boules d'ambre, et des petites nattes plates, sur lesquelles sont cousus des coquillages blancs, viennent se coller sur le côté droit de son cou; elle teint ses ongles et la paume de ses mains avec du henné; elle frotte tous les jours ses talons à la pierre ponce, afin de les avoir blancs, ce qui est un raffinement de soin et une coquetterie chez la femme de qualité; deux bracelets en argent ceignent ses poignets très fins, et autour de son cou pendent des colliers de racine d'iris.

Tous les matins, je reçois sa visite; elle a dans ma chambre une petite caisse dans laquelle elle range avec soin ses vêtements et les quelques bibelots que je lui donne; elle manifeste un grand amour de l'ordre et de la propreté, et mon pauvre linge, que je suis obligé de mettre sous clef, se ressent déjà beaucoup des trop fréquents lavages qu'elle lui inflige.

Son grand bonheur aussi est de prendre une feuille de papier, d'y tracer des barbouillages menus et serrés, afin d'imiter mon écriture; elle m'apporte ensuite la feuille et me demande si ce qu'elle a écrit veut dire quelque chose; ma réponse, toujours négative, lui fait pousser de gros soupirs. Un jour pourtant, voulant lui faire plaisir, je fais semblant de déchiffrer les lignes qu'elle s'est appliquée à former, et je lui en donne ainsi le sens :

« Nadouba voudrait dire tout ce qu'elle pense ; elle voudrait savoir lire, écrire et faire beaucoup de belles choses ! »

Cette explication la rend toute joyeuse, car c'est bien l'expression exacte de sa pensée.

Un matin, l'interprète vient chez moi et demande à me parler, prétextant une affaire très grave ; il est accompagné d'un tirailleur indigène, qui tourne sa chichia entre ses doigts d'un air tout décontenancé.

J'indique un siège à l'interprète qui, après s'être assis, fait signe au tirailleur de se retirer.

Avec les indigènes, qui parlent beaucoup pour ne rien dire, les préambules sont toujours très longs ; et ce n'est qu'au bout d'un certain temps que je commence à comprendre qu'il est question de mariage et que le tirailleur me fait demander Nadouba.

Moussa-Boré qui, sans scrupule aucun, écoute à la porte, se précipite dans ma chambre en s'écriant : « *Mon blanc, toi n'y a pas faire ça ! Nadouba, c'est pas pour noir ! c'est pour toi !* » Et sans attendre la semonce que je m'apprête à lui donner pour cette entrée inconvenante, il sort, et je le vois se diriger du côté de la porte de sortie du fort.

Je continue à causer avec l'interprète, lui faisant observer que Nadouba me paraît encore trop jeune ;

et puis est-elle consentante? a-t-elle connaissance de cette démarche? etc.

Il parait que le tirailleur ne lui a jamais adressé la parole; il la voit passer quand elle vient au fort, et comme tout le monde dit que je n'en veux pas, il s'est cru autorisé à me la demander.

L'idée que Nadouba pourrait être la femme de ce grand gaillard, auquel je trouve l'air bête et brutal, m'est désagréable, et je réponds que dans tous les cas, si je la donne à quelqu'un, ce ne sera assurément pas à celui-là.

Quelques instants après, Moussa-Boré revient en tenant Nadouba par la main. En quelques mots, il la met au courant de la demande qui vient d'être faite et l'engage à répondre elle-même.

La présence de l'interprète l'intimide, elle ne veut pas parler, et elle tourne vers moi ses grands yeux pleins de reproches et de larmes.

L'interprète, qui est un homme intelligent, me quitte sous prétexte de transmettre la réponse et il ajouta : « Je vois bien que cette petite ne veut pas se marier avec un noir, elle aime trop son maître. »

. . . .

Quelques jours après, je fais construire une case à Nadouba; la voilà propriétaire.

Elle a une chèvre, des poules, des canards; elle a, comme toutes les femmes du village, un puits entouré d'un jardin ; elle est maintenant en relation avec Sata, qui est son amie intime, et elles passent leurs journées à travailler ensemble.

L'hivernage arrive et toutes deux partent dès le matin cultiver un petit champ de maïs et de mil ; elles sont inséparables et s'aiment beaucoup, quoiqu'ayant chacune un caractère bien différent ; de fréquentes querelles s'élèvent bien entre elles, à la vérité ; mais Nadouba, très douce, finit toujours par céder.

Une fois, pourtant, elles arrivèrent à se frapper, et Sata ayant joué de ses dents pointues sur le bras de Nadouba, Moussa-Boré, qui se trouvait dans le voisinage de la case, entendit leurs cris et se précipita pour les séparer.

Elles voulurent chacune aller s'expliquer devant leur juge respectif.

Voici quel était le motif de cette discorde :

Sata soutenait que l'officier auquel elle appartenait était le plus riche « parce qu'il avait de l'or sur ses habits ». Mais Nadouba ne l'entendait pas de cette oreille et répondait que moi, je l'étais bien davantage, puisque j'envoyais des caisses de vivres dans tous les postes et que, tous les jours, je recevais des convois qui m'arrivaient de loin. Sata, obligée de convenir de cette soi-disant supériorité, était entrée dans une telle fureur que, par vengeance, elle avait proféré une grosse injure à l'adresse de la mère de Nadouba.

Les noirs sont peu sensibles à l'insulte personnelle, mais il est intéressant de remarquer qu'une mauvaise parole à l'égard de leurs parents, et en particulier de leur mère, les blesse jusqu'à exciter en eux une haine mortelle contre celui qui l'a proférée ; le culte respectueux de la mère est général chez les noirs ; ils font une distinction très logique entre le père, qui donne à ses différentes femmes des enfants auxquels il s'intéresse plus ou moins, et la mère, dont ils sont bien la chose personnelle, dont ils sont la chair et le sang. Aussi professent-ils pour elle un amour mêlé de déférence qui surprend au premier abord chez des êtres pour lesquels la sentimentalité n'existe guère. On voit les chefs les plus puissants et les plus redoutés soumettre leurs décisions à la sanction maternelle ; et Amadou, abandonnant tout autre projet, a mis sa propre situation en péril pendant plus de sept ans, pour posséder auprès de lui sa mère, retenue comme otage, en quelque sorte, par un autre fils d'El-Adj-Omar.

Après nous être amusés du motif de la querelle survenue entre Sata et Nadouba, nous prenons le parti de renvoyer nos deux petites sauvages non pas dos à dos, mais en les forçant à s'embrasser ; cette façon de prouver sa sympathie à quelqu'un est inconnue là-bas ; aussi mettent-elles d'abord de l'entêtement à ne pas vouloir *se flairer*, puis elles finissent par trouver cela très drôle et se sauvent en riant.

CHAPITRE XVII

Fin de la campagne. — Affaire de Nafadié. — Héroïsme de nos troupes. — Rentrée de la colonne expéditionnaire. — Occupation pendant l'hivernage. — Les tornades. — Le village de Niatala. — L'herbe de longue vie. — Visite à un vieillard de 109 ans.

La campagne a été longue et pénible pour la colonne expéditionnaire, forte à peine de quatre cents hommes. Nos troupes ont eu souvent à lutter contre des armées de plusieurs milliers de noirs et ont accompli des faits d'armes dignes de figurer dans les plus belles pages de la conquête d'Afrique.

Le succès de Nafadié est un des plus intéressants épisodes de cette campagne, qui n'est guère connu que de ceux qui y ont pris part, ou qui, comme nous, ont vécu pendant près de quinze jours dans une inquiétude mortelle, sans savoir ce que devenait cette partie de la colonne que nous savions en lutte avec l'ennemi, et dont il ne nous arrivait plus de nouvelles.

Dans les premiers jours de juin, le capitaine d'infanterie de marine Louvel, ayant sous ses ordres MM. d'Argelos et Bonnard, lieutenants dans la même arme, Crambos, médecin de marine, Souleyman Diang, sous-lieutenant indigène, et une compagnie de tirailleurs sénégalais, forte de moins de cent hommes, prenait possession du village de Nafadié, situé entre les monts du Manding et le Niger, à trois jours de marche environ du fort de Niagossola.

Près de ce village, abandonné par les habitants qui avaient fui à l'approche des armées de l'Almamy Samory, se trouvait un petit *tata* en terre, tombant presque en ruines. C'est derrière ce léger abri que le capitaine Louvel fit camper sa petite troupe, pour être prêt à résister à l'ennemi que l'on savait tout près de là et en forces considérables.

Un matin, le lieutenant Bonnard, étant allé en reconnaissance avec une vingtaine de tirailleurs, se trouva à quelques centaines de mètres de l'ennemi. Sans perdre de temps, et comme il en avait reçu l'ordre avant son départ, il revint rendre compte de sa découverte au capitaine Louvel, qui mit aussitôt sa petite troupe sur la défensive.

Il était temps, Samory arrivait en personne à la tête de cinq à six mille combattants, toute l'élite de son armée.

Au son des *Tabalas* (1) et des cornes de guerre, l'assaut fut donné avec fureur.

Plusieurs fois notre petite troupe faillit succomber sous le nombre des assaillants ; mais le sang-froid des officiers, le courage de tous, la puissance et la rapi-

(1) Tam-tams de guerre.

dité de notre tir firent subir de telles pertes à l'ennemi, qu'après quelques tentatives infructueuses les noirs prirent le parti de réduire par la famine cette poignée de braves, dont leurs masses ne pouvaient venir à bout.

Le lit d'un marigot desséché leur offrait un abri sûr; ils s'y installèrent en grand nombre, et de là ne cessèrent de harceler les assiégés, sur le point de manquer de munitions et de vivres.

Pour épargner les cartouches, les meilleurs tireurs de la compagnie furent seuls chargés de répondre à la fusillade continuelle de l'ennemi par quelques balles qu'ils ne devaient envoyer qu'avec la certitude de faire au moins une victime.

Samory, agacé de cette résistance, tenta encore les jours suivants plusieurs assauts, sans autre résultat que de laisser quelques centaines de ses hommes sous les murs du tata.

Malgré la parcimonie qu'on apportait à la distribution des vivres, au bout de quatre jours, on fut obligé de tuer les ânes afin d'avoir de la viande; il y avait aussi les chevaux des officiers; mais on les épargna afin de pouvoir transporter les blessés dans le cas où cette situation critique prendrait fin, contre toute vraisemblance.

La chaleur était excessive; le thermomètre atteignait souvent quarante-cinq degrés à l'ombre; un puits presque desséché, dans lequel l'urine des animaux venait s'écouler, ne fournissait guère qu'un demi-litre par jour, et par homme, de la boisson la plus malsaine et la plus nauséabonde.

Le sixième jour, la nourriture ne se composait plus que de vingt-cinq centilitres de maïs par homme.

La crainte d'une attaque rendait tout repos impossible, et nuit et jour on veillait.

Mais ce qui ajoutait à l'horreur de la situation, c'était le voisinage de six cents cadavres en putréfaction que les noirs laissaient avec intention à quelques mètres du tata; l'odeur en était tellement intolérable que tout le monde tombait malade; et il fallait rester là, ne pas même songer à tenter une sortie, toute la compagnie eût été massacrée; d'ailleurs, il restait quelques cartouches à chaque homme, juste assez pour tenir l'ennemi en respect.

Le neuvième jour, les tirailleurs indigènes voulaient sortir et tenter à la baïonnette un suprême effort; les officiers étaient résolus à ne pas tomber vivants aux mains des noirs.

Le dénouement de ce long martyre allait donc avoir lieu, et les dernières recommandations étaient données à chacun dans le cas où il resterait des survivants, lorsque tout à coup une violente détonation, puis deux, puis trois, accompagnées de feux d'ensemble, se font entendre..

Il n'y a plus à s'y tromper : le clairon sonne au milieu de la fusillade ; c'est la colonne qui arrive !

L'armée de Samory, surprise par cette attaque vive et inattendue, fut bientôt en déroute, et les braves défenseurs de Nafadié, avec des larmes de joie, se jetèrent dans les bras de leurs sauveurs, oubliant que, quelques minutes avant, ils ne songeaient plus qu'à mourir !

Puis toute la colonne reprit la route de Niagossola, où elle entrait trois jours après, clairons en tête, baïonnettes au canon, comme des troupes qui reviennent de la parade.

. . . .

Maintenant le dernier détachement de cette colonne vient de quitter le fort de Kita ; l'hivernage est prématuré, et il faut se hâter, car déjà d'abondantes pluies grossissent les marigots et bientôt le moindre ravin sera transformé en un torrent impétueux ; alors les communications et les voyages surtout seront difficiles, mortels même à l'Européen qui, pendant cette saison, offre peu de résistance à la vie de campement. Le soleil, souvent voilé, a, quand il se montre entre deux nuages lourds et crevant d'eau, des ardeurs plus grandes que pendant les chaudes journées de la saison sèche. Ses rayons brûlants dardent la terre trempée, comme s'ils voulaient, en quelques secondes d'apparition, en aspirer toute l'humidité ; on sent partout la fièvre autour de soi ; il semble que la végétation luxuriante qui surgit en quelques jours suinte la maladie. On étouffe sous ces ombrages qu'instinctivement on évite plutôt qu'on ne les cherche ; la vue même se fatigue de cette verdure ruisselante, et l'on voudrait, comme quelques semaines auparavant, voir un petit bout de route blanche et poussiéreuse, maintenant que les chemins eux-mêmes sont herbeux au point que le voyageur a de la peine à se guider à travers les plaines et les forêts qu'il doit parcourir.

Puis ce sont les rivières, les marigots, dont il faut traverser à la nage les eaux épaisses et bourbeuses; la pluie, qui tombe pendant des journées et sous laquelle il faut faire les étapes ; en arrivant au campement, impossible d'allumer du feu, le bois est trop mouillé, et sous la petite tente-abri secouée par le vent, on passe la nuit comme l'on peut, pelotonné dans des vêtements humides, en s'enveloppant d'une grosse couverture de laine, lourde de l'eau qu'elle a absorbée et qu'elle rend maintenant sur la peau brûlante d'un fiévreux.

Nous envions pourtant le sort de cette petite troupe, qui regagne le sol natal, car au bout de dix-huit à vingt jours de voyage pénible, c'est l'embarquement à bord d'un aviso qui la portera à Saint-Louis et de là, en huit jours, on est en France.

Tandis que nous, nous restons ! Et, avant que les communications soient possibles pour un malade, qui sait si plusieurs, faute d'une rentrée immédiate, n'iront pas augmenter le nombre de ceux qui déjà reposent au bout de ce tronçon de route dont une plaque indicatrice nous marque la destination...? Mais, bah! le plus sûr moyen de se bien porter, c'est de ne jamais se laisser aller à ces réflexions. D'ailleurs, j'aime Kita, et je serais désolé de changer de poste, de quitter les braves camarades avec lesquels je passe de si agréables journées en bonnes et longues causeries. J'ai un peu de temps à moi, et j'en profite pour faire du jardinage avec le docteur; nous obtenons des résultats superbes.

Nadouba m'occupe aussi ; je lui apprends à lire avec des en-têtes de journaux; elle fait des pages de bâtons et retient dix mots de français par jour

Quand le temps le permet, nous faisons à cheval, le docteur et moi, de petites promenades dans les villages voisins, où je compte déjà quelques amis parmi les vieux chefs, qui ne viennent jamais au fort sans m'apporter des menus présents dont naturellement je leur paie plusieurs fois la valeur; ou bien encore, nous allons à la chasse le long de la montagne, peuplée d'hyrax, de pigeons, de pintades, de poules de rochers et de singes. L'hyrax ou daman est, à mon avis, le meilleur gibier que l'on puisse consommer au Soudan ; sa chair a beaucoup de saveur et, préparée en civet, c'est un mets exquis. C'est une sorte de marmotte que Cuvier a appelé, je ne sais pourquoi, « un rhinocéros en miniature »; son pelage est fin et épais et ses oreilles particulièrement larges; le daman vit de fruits et d'herbes, mais peut manger à peu près de tout.

Le docteur, intrépide chasseur, m'entraîne toujours très loin, et il nous arrive souvent d'être surpris par une tornade et de ne pouvoir rentrer à temps pour nous abriter; nous prenons alors le parti de nous blottir derrière le tronc d'un gros arbre, ou dans une anfractuosité de rocher.

Avant la tornade, l'horizon devient, dans le S.-E., d'un noir d'encre, tandis qu'au-dessus de nous le ciel est encore bleu et serein; il y a alors comme un grand silence; pas le moindre souffle de brise n'annonce l'approche de l'ouragan; il semble que la nature entière se recueille et s'apprête à résister à une grande lutte.

L'atmosphère, étouffante d'abord, se rafraîchit insensiblement, par frissons, à mesure que le gros nuage noir s'agrandit et se délaie au-dessus de nous en une immense voûte sombre et mouvante.

Les premières rafales brusques et saccadées tourbillonnent sur place, en soulevant des trombes de poussière; puis, rapidement, accélérant leur rotation, elles fuient affolées à travers la plaine.

En quelques secondes, la tornade est sur nous. C'est alors une confusion, un déchaînement, un cataclysme indescriptibles, dont nos plus forts orages d'Europe ne peuvent donner qu'une bien faible idée. La nature entière a d'abord un puissant gémissement que couvre tout à coup le ronflement impétueux de la bourrasque; les échos de la montagne répercutent au centuple les violents éclats de la foudre; la pluie, épaisse et serrée comme la grêle, tombe avec un bruit de cataracte; les arbres et les broussailles, se couchent et se tordent en craquant sous cette formidable poussée; on ne voit plus à quelques pas devant soi, les oreilles bourdonnent, et on n'entend plus que la grande voix déchirante du chaos...

Aussi vite qu'elle est venue, la tornade descend sur l'horizon; la pluie cesse, le vent s'apaise; maintenant, la plaine, dont les teintes verdoyantes sont avivées, est sillonnée de cours d'eau et de torrents; des lacs se sont formés, les chemins sont noyés, les rochers brillent, dorés par les derniers rayons rouges du couchant. Les crapauds lancent leurs notes roulantes et métalliques; les grillons, bien au chaud dans les cases, poussent leur cri vibrant et les troupeaux trempés rentrent en beuglant; on éprouve une grande sensation de bien-être et de fraîcheur. . . . .

* . . . .

Il y a, à quatre kilomètres du fort de Kita, dans un endroit charmant, tout au pied de la montagne, à l'abri de l'action desséchante des vents d'Est, un petit village appelé Niafala ; un mince filet d'eau, qui suinte à travers les rochers, conserve toute l'année un aspect vert à ce petit coin riant. Nadouba y conduit souvent sa chèvre et ses cabris qu'elle laisse paître en liberté, pendant que, grimpant à travers les rochers, elle fait provision de simples, car elle connaît toutes sortes de remèdes ; aux murs de sa case sont suspendus cent petits paquets d'herbes qui ont, paraît-il, des propriétés merveilleuses. Depuis quelque temps, elle cherche une espèce qu'elle n'a pas encore pu découvrir, mais qu'elle connaît très bien ; elle m'affirme qu'en en prenant tous les jours, *ça empêche de mourir.*

Chaque fois qu'elle me conte cette naïveté, je la traite de folle, et un jour, froissée de cette appellation, elle me prend par la main en me disant : « Viens ici, dans ce village, je vais te faire voir un *trop* vieux homme qui a vu *Sangui Hénie ni Konanto* (cent-neuf hivernages). » Je me laisse conduire, et nous arrivons bientôt devant une petite case, tombant presque en ruines. A travers la paille du toit effondré en partie, s'échappe un peu de fumée bleuâtre. La porte est fermée ; Nadouba appelle une jeune fille de son âge et lui dit en bambara : « Mon blanc vient pour voir le *Tiéba* (le vieil homme). » Au moyen d'un crochet qu'elle introduit dans une serrure en bois, la jeune fille ouvre la porte, et j'entre le premier. Une fumée épaisse que répandent quelques tisons brûlant par terre, au milieu de la case, m'empêche d'ouvrir les yeux. Il se passe un assez long temps avant que cette fumée se soit dissipée par la porte restée ouverte ; alors seulement je distingue, sur une sorte de lit en roseau, une longue forme humaine recouverte d'un pagne de coton blanc. C'est le corps d'un vieillard, sec et rigide comme un cadavre. Sa poitrine se soulève légèrement et à intervalles réguliers.

Je m'approche et j'aperçois alors une figure longue, osseuse et ridée ; les paupières fermées sont au fond de deux cavités d'une teinte plus claire que le reste du visage ; une barbiche jaunie allonge encore cette face cadavérique.

La jeune fille qui nous a accompagnés s'approche de l'oreille du vieillard et lui crie : « C'est un blanc qui vient pour te voir. »

Alors, ouvrant péniblement les yeux, il me regarde fixement d'un regard vague et, allongeant une main sèche et décharnée que son bras semble ne pouvoir soutenir, il me dit d'une voix rauque : *héniségué Toubab* (bonjour, blanc). Je prends cette main osseuse et glacée. Mais quel n'est pas mon étonnement de la sentir serrer la mienne avec une force vraiment extraordinaire ; je crois tenir la main d'un squelette. Je veux lâcher, mais il serre plus fort comme pour se cramponner à moi, son corps même se déplace tout d'une pièce à la résistance que j'ai faite en le sentant m'attirer à lui; son bras droit est le seul membre qu'il ait encore vivant et toute la force de son corps semble s'y être retirée.

Lâchant ma main, après avoir fait plusieurs nouveaux efforts pour m'attirer à lui, il saisit par l'anse une petite théière en fer battu, qui chauffe près des tisons fumeux et, introduisant le goulot entre ses lèvres plissées, il se mit à boire.

Alors Nadouba, qui ose à peine respirer, me dit tout bas: « Ce qu'il boit, c'est l'herbe dont je t'ai parlé; on lui en met tous les jours dans son eau et il ne mourra pas tant qu'il en boira. »

A moitié asphyxié par la fumée, incommodé par la chaleur excessive qui règne dans cette case, je me disposais à sortir, lorsque le vieillard, indiquant de sa main une jarre en terre placée au pied de son lit, dit: « Il faut montrer mon papier à ce blanc. »

Avec une sorte de respect mêlé de crainte, la jeune fille s'approcha de la jarre, y plongea la main, chercha pendant un instant, puis en sortit un petit sac qu'elle ouvrit et dont elle tira un autre, puis de ce dernier un troisième, ainsi de suite jusqu'à un cinquième qui contenait enfin le fameux papier sale, graisseux, jauni par le temps, et qu'il fallut ouvrir avec mille précautions pour ne pas en séparer les morceaux. C'était un imprimé avec un gros cachet du gouvernement du Sénégal, qui reconnaissait comme roi du pays de Kita et comme allié des Français le mort vivant, aujourd'hui peut-être l'homme le plus misérable du pays. Quant à son âge, les cent-neuf ans qu'on lui attribue, il peut les avoir, tous les noirs le disent; mais je me demande comment ils ont pu s'en rendre compte, eux qui ne savent même pas l'âge de leurs enfants (1).

Je serre une dernière fois la main de ce vieux roi qui semble très abattu maintenant.

Nadouba s'approche de lui, touche d'un coin de son pagne sa couverture, « il paraît que cela porte bonheur. »

A quelque temps de là, le vieux roi de Kita mourut dans son petit village de Niafala.

Toutes les femmes du pays poussèrent des cris lamentables; on fit parler la poudre; les griots chantèrent les hauts faits du défunt, et pendant quelques heures on sembla se souvenir qu'il avait existé un chef puissant, autrefois craint, aimé, respecté.

Comme je faisais remarquer à Nadouba que, malgré l'herbe merveilleuse, le vieillard était bien mort: « Oh! me dit-elle, il ne voulait plus en boire depuis quelques jours, c'est pourquoi il est mort. »

J'ai voulu voir l'herbe merveilleuse et je n'ai même pas cherché à en prendre.

(1) Les Bambaras, au lieu de compter jusqu'à cent, s'arrêtent à quatre-vingts et recommencent; ainsi ils disent, pour 200, *Kémé foula i débi*, ce qui signifie deux quatre-vingts et quarante. Mille se dit huit cents et deux quatre-vingts et quarante.

CHAPITRE XVIII

Les idées des noirs sur notre Gouvernement, — sur le sort des soldats. — Comment ils expliquent nos inventions. — La philosophie de Moussa-Boré.

« Dis-moi, mon blanc, la République, c'est une femme bien riche qui commande à tous les Français dans ton pays ? Le Gouvernement, c'est son mari, les soldats, c'est ses captifs ? »

Voilà des questions qui m'ont été posées bien souvent, non pas par des noirs encore dans l'ignorance absolue de nos coutumes et de notre civilisation, mais bien par des naturels parlant un peu notre langue et ayant vécu longtemps à notre contact.

Ces mots, qu'ils entendent souvent prononcer par nous : République, Gouvernement, Ministres, leur deviennent familiers.

Que la République soit une femme, le Gouvernement son mari, je n'y vois aucun inconvénient ; mais qu'ils croient nos soldats des captifs, c'est-à-dire des gens achetés comme ils l'entendent, ceci me rend toujours furieux, d'autant plus qu'il est impossible de leur ôter cette idée de l'esprit et qu'ils ont des arguments auxquels il est bien difficile de répondre.

Comment, vous disent-ils, ces hommes qu'on met en prison, auxquels on ferme la porte du fort le soir pour les empêcher de sortir, qu'on force à rester ici lorsqu'ils voudraient retourner dans leurs pays, auxquels les officiers parlent toujours comme s'ils allaient les battre ; tous ces gens-là ne sont pas des captifs ? Vous ne les appelez pas comme *ça*, mais ce sont des captifs quand même.

Pour leur expliquer le service militaire tel qu'il est compris en Europe, il faudrait leur dire que c'est le respect et la crainte du supérieur qui font la discipline, que la discipline fait la force des armées, et toutes sortes d'autres choses qu'ils ne comprendraient pas et qui, les eussent-ils comprises, n'arriveraient pas à les convaincre.

Pourtant les soldats indigènes se soumettent assez facilement à cette discipline, sans se rendre bien compte d'ailleurs de son utilité. C'est la *manière* des blancs, disent-ils, et puisque nous servons avec des blancs, il faut faire comme eux.

Un jour, à l'enterrement d'un sergent indigène mort en faisant son service, le capitaine qui commandait le fort prononça un petit discours dans lequel il disait que « Tous ceux qui serviraient la France et mourraient au champ d'honneur seraient inscrits sur le livre d'or de la patrie ».

Les tirailleurs qui assistaient à l'enterrement semblaient vivement impressionnés par ces belles paroles que leur traduisait l'interprète ; leurs grosses figures se contractaient comme s'ils allaient pleurer et ils disaient entre eux : « *Voilà bon capitaine! lui y a bien bon, va!* »

Dans la journée, une députation alla trouver le capitaine qui, croyant avoir à entendre une réclamation, leur dit : Adressez-vous à vos sous-officiers ; vous savez bien qu'il faut toujours passer par la voie hiérarchique pour vos réclamations.

Alors le plus hardi prenant la parole répondit : « *Oh, mon capitaine, nous y a pas réclamé. Seulement aujourd'hui, toi y a dire que tous les bons soldats seraient marqués sur le cahier en or, il faut marquer nous, parce que toute la compagnie, c'est très bons soldats.* »

Le capitaine le leur promit, mais à une condition, c'est qu'il n'y aurait pas une punition pendant les exercices de toute la semaine.

Jamais les tirailleurs ne furent plus disciplinés ; il n'y eut pas un jour de salle de police ; et aujourd'hui, si on leur disait que leurs noms ne sont pas marqués sur un livre en or au fort de Kita, ils ne vous croiraient pas.

Les noirs n'essaient jamais de s'expliquer, même un peu, les choses extraordinaires qu'ils nous voient faire ; quand ils ont dit : « *C'est une nouvelle manière des blancs* », ils ont tout dit, et pour eux le phénomène est expliqué et l'étonnement du premier moment disparaît avec cette phrase. Le chemin de fer de Kayes, le télégraphe, le téléphone, la dynamite, les armes à répétition, rien de tout cela ne leur donne à réfléchir; ils se bornent à constater que ces diables de blancs ont encore fait quelques-unes de leurs nouvelles manières.

Ils nous croient capables de tout, et on leur servirait la lune sur un plat qu'ils diraient encore en souriant: « *Ces blancs, en ont-ils des manières!* »

En 1886, cependant, on essaya un téléphone de campagne et on fit parler deux chefs dont les villages se trouvaient distants de quatre kilomètres.

Ils crurent d'abord à une plaisanterie. Ayant réciproquement reconnu leur voix, ils cherchèrent partout autour d'eux, puis se demandèrent mutuellement s'ils étaient bien dans leurs villages respectifs. La réponse, qui fut affirmative, les terrifia.

Ceci dépassait tout ce qu'ils avaient vu jusqu'alors, et, l'expérience terminée, ils prirent leurs chevaux et partirent chacun à la rencontre l'un de l'autre, afin de s'assurer encore et de voir si on ne s'était pas joué d'eux.

Moussa-Boré, qui est musulman et parle assez bien le français, me disait un jour: « *Les blancs sont riches, ils ont beaucoup de pouvoir, savent beaucoup de choses; mais chacun aura son tour. Les noirs un jour seront riches et sauront autant de choses que les blancs.* »

Je n'ai pas bien compris ce qu'il voulait dire, mais je pense qu'il faisait allusion à une autre vie dans laquelle les noirs ou plutôt les musulmans seuls jouiront de toutes les félicitées et de toutes les richesses dont, à leurs yeux, nous avons actuellement le monopole sur terre.

Et comme je lui demandais ce que nous deviendrions, il me répondit, très embarrassé : « *Ah! ça, je ne sais pas, chacun son tour, voilà tout.* »

Devant l'inanité de ce raisonnement, je lui disais que s'ils étaient inférieurs à nous ils ne pouvaient s'en prendre qu'à eux-mêmes et surtout aux idées semblables à celles qu'il venait d'exprimer; que ceux qui font le bien à leurs semblables seraient seuls heureux plus tard, et que précisément ce n'était pas le fait des musulmans, qui sèment partout la ruine et la désolation, qui tuent, massacrent, pillent, brûlent pour leur bien-être personnel et, par fanatisme religieux, se servent du nom d'*Allah* pour excuser tous ces crimes; que justement Allah, furieux contre les musulmans, nous avait donné la science, le courage et la force pour les arrêter et les châtier; et comme preuve je lui citais Samory plusieurs fois battu par nous.

Il était hors de lui, rougissait sous sa peau noire et se contentait de secouer la tête en répétant avec une obstination de brute fanatique :

« *Nous y a voir ça, nous y a bien voir !* »

CHAPITRE XIX

Les récoltes et l'invasion des sénégalis. — Construction d'une maisonnette à l'Européenne. — Les nègres et la géométrie.

Au commencement de novembre les pluies ont cessé, et le vent d'Est, qui s'élève quelques heures chaque jour, balaie de sa chaude haleine les plaines encore imprégnées de l'humidité de l'hivernage; tout, à présent, respire l'abondance et la richesse, les villages disparaissent, enfouis sous les hautes tiges des récoltes presque mûres; après les toits des cases de nombreuses espèces de cucurbitacées enchevêtrent leurs tiges grimpantes et velues, comme pour chercher sous le chaume noir et pourri un abri contre les ardeurs brûlantes du soleil qui doit les dessécher.

A cette époque de l'année, il ne reste plus dans les villages que les vieillards impotents et les enfants en bas âge; le reste des habitants est aux *lougans* (champs) pour protéger les récoltes contre la voracité de charmants, mais terribles petits voleurs : les *sénégalis*, au plumage d'un beau rouge velouté, sont des ennemis d'autant plus dangereux qu'ils sont d'une familiarité exaspérante; quand, avec un grand froufrou d'ailes soyeuses, ils s'abattent par bandes de plusieurs milliers sur un champ, c'est une véritable lutte qu'il faut engager avec eux. Les gardiens armés de frondes font pleuvoir sur eux des nuées de pierres et poussent en même temps des cris qui pourraient mettre en déroute tous autres malfaiteurs que les sénégalis, qui se contentent d'aller un peu plus loin, dans un autre champ où ils reçoivent le même accueil.

Nadouba et Sata ont fait provision de grandes calebasses qu'elles vont remplir de leurs futures récoltes et songent déjà au bon couscous que leur promettent ce mil et ce maïs cultivés par elles seules ! Quelle excellente sauce elles feront avec ces belles arachides à cosse jaune, quand elles en auront écrasé l'amande huileuse entre deux pierres polies ! quel régal que ces grosses patates à peau rouge, à chair farineuse et sucrée qu'elles feront cuire sous la cendre ! et puis c'est une abondance de citrouilles, de potirons, de pastèques, de gombos, d'ignames, de noix de karité; enfin, à les entendre, elles seront très embarrassées pour abriter toutes ces richesses, et je me vois dans la nécessité de faire construire une seconde case qui sera le grenier d'abondance; puis une troisième pour la basse-cour, qui augmente considérablement.

Ces cases, dont les murs sont en argile et les toits en chaume, sont vite établies et coûtent peu : complètement terminées, elles reviennent chacune à quinze francs; comme elles sont fort peu confortables, je fais commencer la construction d'une maisonnette avec porte et fenêtre qui pourra servir de modèle aux indigènes s'ils veulent perfectionner leurs habitations; mais, j'en doute, car ils n'ont aucune idée de la symétrie et de la régularité, et j'ai eu toutes les peines du monde à leur faire tracer les fondations de ma maisonnette ; j'ai dû dresser des élèves, leur apprendre à se servir du cordeau et du fil à plomb, ce qui ne les empêchait pas de me faire des quadrilatères de formes bizarres, ressemblant à tout, excepté à un rectangle, et si je n'avais mis la main à l'œuvre, ils n'y seraient jamais arrivés.

D'ailleurs, dites à un noir de placer une table carrée au milieu d'une chambre de même forme, neuf fois sur dix, il la posera de travers; si vous lui faites observer qu'il faut la mettre parallèlement aux murs, il ne s'apercevra pas de ce qui peut vous choquer dans une autre position et la remuera en tous sens, sans comprendre ce que vous désirez obtenir; ou bien encore, essayez de lui faire poser des objets rectangulaires de même grandeur les uns au bout des autres, des briques en ligne droite par exemple, vous êtes certain qu'à la cinquième ou sixième brique une courbe commencera à se former. Laissez-le continuer, vous aurez bientôt une demi-circonférence, et pour obtenir ce résultat vous le verrez faire des efforts d'imagination inouïs, comme s'il lui fallait un coup d'œil extraordinaire.

Le fort est tellement infesté de punaises et de rats qu'aussitôt ma maisonnette terminée, je prends le parti d'y habiter et je la rends aussi agréable que possible : je l'entoure de bananiers, je la tapisse extérieurement de plantes grimpantes; à l'intérieur, les murs sont enduits d'un mélange de cendre, de vase et de fiente de vache, ce qui produit une couleur grise très solide et plus agréable à l'œil que la terre nue ; puis, avec des armes du pays, des tentures, des rideaux, des cartes, des gravures prises dans quelques revues, je donne à l'habitation un semblant d'air civilisé.

Devant la porte, au milieu d'une place sablée, un jet d'eau jaillit d'un petit bassin dans lequel s'ébattent les canards de Nadouba.

Ce jet d'eau fait l'étonnement des indigènes qui n'en comprennent pas le fonctionnement et passent des heures à regarder sortir de terre ce mince filet d'eau, auquel je donne différentes formes et sur lequel je fais danser des œufs.

Cette habitation, à laquelle les indigènes ont donné mon nom, devient notre maison de plaisance, et mes camarades sont heureux chaque soir d'y venir boire le dolo pétillant que nous offre Nadouba, en bonne ménagère.

Souvent aussi ses amies, pour nous procurer une distraction, exécutent devant nous les danses du pays, et, paresseusement étendus sur des nattes, bercés par le rythme monotone d'un tam-tam lointain, heureux de respirer librement, le visage caressé par la brise chaude, qui alourdit les paupières et engage au sommeil, nous finissons par nous endormir jusqu'au moment où les coqs se mettent à sonner le réveil de leurs joyeuses fanfares. Alors Nadouba, après avoir trait les chèvres de son petit troupeau, nous apporte une calebasse de lait écumant. Puis, un peu à regret, nous rentrons au fort où, après cette nuit passée en plein air, nous étouffons, entre les murs encore chauds du soleil de la veille.

CHAPITRE XX

Histoire de Samory. — Formation d'un village libre.— Nombreux parrainages. — Sobriquets porte-bonheur. — Quelques usages des indigènes — Marabouts et sorciers.— Traitement de la dysenterie. — Amulettes et grigris.

Depuis quelque temps, les caravanes d'esclaves circulent plus nombreuses et plus considérables que jamais. C'est par centaines que, chaque jour, nous voyons passer ces malheureux que l'on dirige loin de leur pays pour être dispersés sur l'immensité du continent africain.

Le grand pourvoyeur d'esclaves est l'Almamy Samory, dont la fortune bizarre mérite d'être signalée.

D'après les renseignements, assez vagues, qu'on a pu se procurer sur l'origine de Samory, il serait né vers 1830 (1), sur la rive droite du Niger. Tout enfant, il fut fait captif dans une razzia qui dévasta son village et vendu ensuite à un marabout nommé Mora. Celui-ci, le voyant très intelligent, l'employait à faire du trafic; il l'envoyait jusqu'à Médine et à Bakel chercher des marchandises. Au cours de ses voyages, Sa-

(1) De l'avis des officiers qui faisaient partie de la dernière mission chez Samory, il serait loin d'avoir cet âge, et on ne pouvait guère lui donner que quarante-cinq ans en 1887.

mory, bien que très jeune, sut acquérir une certaine influence sur les gens qui entraient en relations avec lui; il en imposait par sa taille, ses gestes larges et dominateurs; lorsqu'il parlait, sa foi profonde le rendait éloquent, il se disait envoyé d'Allah, et sur les esprits faibles qui l'entouraient, toujours disposés à voir partout du surnaturel, il n'eut pas de peine à jouer son rôle d'inspiré.

Mora, inquiet de l'autorité que prenait son captif, voulut l'humilier en lui ordonnant des travaux qu'il refusa d'exécuter. Cet acte d'insubordination fit mettre le futur prophète aux fers, dont on ne le délivra qu'après qu'il eut promis obéissance.

A partir de ce moment, sa foi fut encore plus vive et il parla de convertir les infidèles. Quelques jeunes gens enthousiastes se réunirent à lui et son premier exploit fut de mettre son maître aux fers à son tour, en lui disant en guise d'adieux : « Je vais répandre au loin la parole de Dieu : toi, tu prieras ici pour le succès de mon entreprise. »

Il razzia et brûla d'abord quelques petits villages isolés et sans défense, puis quand on vit qu'il réussissait, de nombreux partisans vinrent s'enrôler sous son drapeau et ses troupes augmentèrent de jour en jour.

C'est alors que le musulman commença son œuvre dévastatrice, accumulant ruines sur ruines, jetant partout la terreur et la misère ; il fit massacrer des populations entières, sans autre but que d'inspirer partout la terreur. Aujourd'hui, son vaste terrain de pillage s'étend dans tout le Ouassoulou, ses bandes sont devenues des armées. Mais il se sent menacé par nous et il guerroie avec d'autant plus d'ardeur que la peur qu'il inspirait diminue à mesure que les indigènes prennent confiance en notre protection.

L'année dernière, 1887, Samory a perdu plus de deux mille guerriers, et il s'aperçoit davantage de jour en jour que la partie contre les Blancs est difficile à jouer; aussi a-t-il grande hâte de *réaliser*, si je puis employer ce terme de Bourse, tout le pays terrorisé; il veut lui faire rendre gorge avant d'être obligé de l'abandonner, ce qu'il sait bien ne plus pouvoir tarder.

Captifs, troupeaux, récoltes, tout lui est bon, et les produits de ses formidables razzias servent à acheter des armes, de la poudre et des étoffes que les traitants noirs lui portent par convois.

Là-bas, à la cour de ce chef, on cause beaucoup de ces blancs infidèles, de ces buveurs de *sanguara* (eau de-vie) qu'on voudrait expulser et écraser dans une grande tuerie.

Mais à quoi bon essayer? Ce serait encore des milliers d'hommes sacrifiés pour un résultat incertain. Quelle puissance et quelle force ont-ils donc ces *Toubabs* pour que lui, l'Almamy Samory, le prophète de Dieu, lui, dont on ne prononce le nom qu'en tremblant, auquel on ne parle que les coudes touchant la terre, se voie menacé jusque dans sa capitale, au milieu de ses *sofas* (guerriers), tout prêts à verser leur sang pour lui, tellement est grand leur enthousiasme fanatique !..

La colonne expéditionnaire, beaucoup plus forte que les années précédentes, est en route et sera ici dans quelques jours pour continuer ensuite sa marche à la poursuite d'une armée de l'Almamy qui, pour le moment, se trouve dans un village situé à une cinquantaine de kilomètres du fort de Kita.

Quand on est certain qu'une caravane d'esclaves provient des états de Samory et que, par conséquent, elle est le produit d'échanges d'armes et de munitions, les traitants propriétaires de cette caravane sont considérés comme rebelles et leurs esclaves mis en liberté ; quand ce sont des enfants trop jeunes pour être livrés à eux-mêmes, on les confie à des notables du pays jusqu'à l'âge où ils seront en état de subvenir aux besoins de leur existence.

Pour ma part, j'en ai adopté trois : un petit garçon de neuf ans et deux petites filles de sept et huit ans. C'est Nadouba qui se charge d'eux, et les pauvres enfants sont certains d'être bien soignés, car elle se souvient de ses jours de misère et elle a pour eux des sollicitudes de mère.

Tous ces captifs, libres à présent, sont sans ressources et meurent de faim : les uns, et ce sont les plus nombreux, se choisissent de nouveaux maitres parmi les habitants des villages, les autres vont au fort demander du travail ; quelques-uns viennent me supplier de les prendre sous ma protection. J'en reçois d'abord trois ou quatre qui construisent de nouvelles cases dans le voisinage de la mienne ; puis d'autres, alléchés par l'accueil fait aux premiers venus, arrivent à leur tour ; si bien qu'au bout de peu de temps je me vois à la tête d'un véritable petit village habité par six hommes et vingt-quatre femmes.

Comme il faut nourrir tout ce monde, le commandant du fort, auquel je fais part du projet que j'ai d'utiliser pour la culture les forces dont je puis maintenant disposer, me fait l'avance, sur les provisions du fort, d'une certaine quantité de mil que je dois rendre sur le produit de mes récoltes.

Les vingt-quatre femmes sont pour la plupart d'horribles monstres, beaucoup sont très vieilles ; j'arrive néanmoins à en trouver six assez bien conservées pour les marier aux hommes, qui sont peu difficiles.

Il paraît que tout le monde ne les a pas trouvées aussi affreuses que moi, car parmi celles que je n'ai pas jugées mariables, plusieurs sont sur le point d'être mères.

Une nouvelle mariée n'attend même pas la fin du premier mois de son hymen pour mettre au monde un horrible négrillon, dont le mari accepte d'ailleurs avec joie la paternité. Peut-être croit-il encore que c'est une *manière* des Blancs de faire naître les enfants un mois après leur conception.

Il arrive quelquefois que des indigènes donnent à leurs enfants, aux petits garçons surtout, un nom supplémentaire et en quelque sorte honorifique ; ils choisissent une personne dont ils ont reçu des bienfaits, ou dont ils espèrent en recevoir, et lui demandent la permission d'appeler de son nom leurs nouveaux-nés. Moussa-Boré m'a déjà fait l'honneur de m'emprunter mon nom pour un de ses fils, et voilà qu'à présent, chaque fois qu'une femme de mon village met au monde un enfant du sexe masculin, mon nom lui est donné ; je pense que les Européens ignorants de cette coutume qui viendront plus tard dans le pays auront une singulière idée de ma conduite ; espérons cependant que la carnation d'ébène de mes nombreux filleuls les mettra en garde contre toute supposition malveillante.

Quelquefois aussi lorsqu'une mère a perdu plusieurs enfants et qu'il lui en reste un, elle croit le protéger contre le sort qui a frappé les autres en substituant à son nom une appellation ridicule ou grotesque, par exemple *Fali-Koro* (vieille bourrique), ou bien *Bodian*, comme le commissaire de police de Kita, ce qui veut dire (fiente sèche), et bien d'autres plus extraordinaires encore que je ne puis citer. Ceci nous amène à dire un mot de certains usages très particuliers qui règlent les rapports des indigènes entre eux.

Les différentes races que nous rencontrons sont composées de sortes de tribus ou plutôt de sortes de grandes familles dont la réunion forme bien un tout, mais qui constituent chacune une sorte de caste bien caractérisée; en d'autres termes, ce sont des parties d'un tout dont chacune est elle-même un tout et dont l'individualité se dégage de l'étiquette commune à la race; de telle sorte que si l'on voit chez les Bambaras, par exemple, un Malinké, ce Malinké, appartenant à la famille des Koïta, sera reconnu par tous les indigènes pour un Koïta encore plus que pour un Malinké. Cette reconnaissance se fait par des signes presque imperceptibles pour l'Européen, mais auxquels l'indigène ne se trompe jamais; ils consistent en tatouages, qui ne diffèrent quelquefois d'une famille à l'autre que par quelques entailles de plus ou de moins, et par les tresses ou nattes qui forment la coiffure.

Lorsque deux noirs se rencontrent, le premier qui aura reconnu à quelle race appartient l'autre le saluera, s'il veut le flatter, en lui donnant le nom de la plus grande famille de cette race; ce dernier, pour ne pas être en reste de politesse, rendra un salut semblable; ainsi : un Bambara rencontrant un Kassonké lui dira simplement *Dialos!* (nom de la famille régnante du Kasso), et le Kassonké répondra *Koulibary!* (nom d'une grande famille Bambara). Il existe entre certaines de ces familles des sortes de servitudes qui rappellent un peu celles de la féodalité : ainsi un *Diakité* peut tirer la barbe d'un *Dialos* sans que celui-ci soit en droit de s'en formaliser.

D'autres, ce sont, je crois, les *Diaras* et les *Traourés*, se font, en guise de salut, des questions baroques sur l'état plus ou moins florissant de leur virilité.

Ces usages tirent leurs origines de légendes où la métempsycose joue un grand rôle ; c'est ainsi que les uns, croyant qu'un de leurs ancêtres, hippopotame, a secouru dans une circonstance difficile un caïman, ancêtre d'une autre famille, conserveront sur cette dernière famille une espèce de suzeraineté qui s'exercera d'une des bizarres façons que je viens d'indiquer; et, partant du même principe, un indigène qui s'imagine avoir un lion comme ascendant ne consentira jamais à tirer sur cet animal, même si son existence est mise en danger par lui, et la vue du fauve mort attirera sur le même homme, s'il a la malechance de le rencontrer, toutes sortes de maléfices. D'autres croiront à une parenté avec un lézard ou bien avec les pigeons verts, très communs sur le Sénégal.

On trouve chez les peuplades fétichistes des traditions et des pratiques partout rigoureusement observées ; à part l'excision pour la femme, qui se fait surtout chez les fétichistes, les autres usages semblent avoir été apportés par les musulmans, malgré la haine profonde qui existe entre les uns et les autres : la circoncision des garçons, la façon d'ensevelir les morts en leur tournant la face vers l'Orient, la manière de porter la main sur le cœur après avoir serré celle de quelqu'un, l'emploi du chapelet, que beaucoup d'hommes portent ostensiblement sans s'en servir autrement que pour se donner une certaine contenance dans les *palabres*, ou pour compter avec les grains comme ils le feraient sur les doigts.

Chose qui ne s'explique guère, tout en conservant leurs anciennes croyances en des génies malfaisants, auxquels ils font des sacrifices, il arrive qu'ils aient foi dans les prières et dans les amulettes des marabouts, et il n'est pas rare de voir un malade, après avoir consulté un sorcier fétichiste, qui ouvre un poulet pour lui prédire l'issue de sa maladie, se précipiter ensuite chez un marabout auquel il demande, suivant la pratique musulmane, des amulettes contre l'affection dont il est atteint.

La confiance que le patient témoigne au marabout est d'ailleurs aussi justifiée que celle dont il honore le sorcier. La pharmacopée du marabout est d'une extrême simplicité, que je recommande aux personnes qui ont de la difficulté à prendre les médicaments. Quand ils ne font pas absorber à leurs malades, comme nous l'avons raconté plus haut, l'eau qui a servi à laver des planchettes sur lesquelles sont écrites des prières, ils attachent à l'aide d'un lien, autour de la partie en souffrance, un ou plusieurs sachets contenant des feuilles de papier sur lesquelles sont tracés quelques versets du Coran, et tout est dit.

Les indigènes traitent certaines affections graves sans avoir recours aux lumières du marabout; la dysenterie, très fréquente dans ces régions, est uniformément soignée de la manière suivante : les parents ou amis du patient le font étendre sur le sol bien horizontalement, puis montent sur son ventre qu'ils piétinent à tour de rôle, et après plusieurs applications de ce topique, l'état du malade... a empiré.

La foi que les nègres musulmans ont en leurs amulettes, et les fétichistes en leurs grigris, est tout à fait extraordinaire; il en est qui, après s'être procuré à prix d'or des préservatifs de cette sorte contre les blessures des armes à feu, ou des armes blanches, font tirer sur eux, ou se donnent des coups de couteau, pour prouver l'efficacité de leurs talismans; et quand, à la suite de ces périlleuses expériences, ils constatent les blessures qui en ont résultées, ils demeurent absolument convaincus qu'ils ont été volés par le marabout ou le sorcier.

En 1886, à l'attaque du fort de Bakel, on put voir un officier indigène, d'un niveau intellectuel bien plus élevé que celui des gens de sa race, recevoir sur la cuisse une balle morte, qui lui fit une simple contusion ; il s'en alla proclamer partout les louanges du marabout qui lui avait vendu une amulette dont l'efficacité était ainsi démontrée.

Quant aux sorciers, ils sont recrutés dans une certaine classe de forgerons ; ils joignent à l'exercice de la médecine et de la chirurgie la vente des maléfices et sorts heureux, dont les fétichistes font une importante consommation.

Il n'y a pas un village qui n'ait un forgeron-médecin-sorcier qui, connu de tous, inspire cependant à chacun une profonde terreur, lorsque, pour entrer dans son rôle de sorcier, il parcourt, la nuit, les places et les chemins, revêtu d'un accoutrement bizarre, et en poussant des hurlements sinistres ; le costume de cet emploi se compose généralement d'écorces d'arbre divisées en minces lanières, qui couvrent en entier le personnage, coiffé d'une immense calebasse. Les grigris vendus par ces industriels servent encore à un usage très répandu chez les indigènes ; quand l'un d'eux veut garder dans un endroit quelconque des objets de valeur, des produits de son travail, récoltes, grains, etc., il achète un grigri spécial qu'il plante en terre sur le sentier qui conduit à sa réserve, et pour rien au monde vous ne feriez passer les noirs par ce sentier qu'ils considèrent désormais comme ensorcelé et devant porter malheur à celui qui s'y aventurerait sans en avoir le droit.

Si le grigris est, dans ce cas, un préservatif contre les voleurs, par contre les voleurs se munissent quelquefois de semblables accessoires pour pratiquer librement leur industrie ; ils croient alors devenir invisibles et n'hésitent pas, ainsi que cela s'est passé au fort de Kita, pendant mon séjour, à pénétrer dans une chambre habitée et à la dévaliser tranquillement en présence du propriétaire endormi.

Que penser de peuples chez lesquels la croyance aveugle au surnaturel indéfini peut atteindre de telles proportions, si ce n'est qu'en appropriant les moyens aux circonstances, on pourrait en faire tout ce que l'on voudrait?

S'il était permis de remonter le courant des habitudes prises et de rompre en visière aux idées actuelles de colonisation, je ferais la proposition suivante, qui est loin d'être aussi folle qu'elle en a l'air tout d'abord : choisir chez différentes peuplades un certain nombre d'individus d'une intelligence suffisamment ouverte, se les attacher, les endoctriner convenablement, et, cela fait, les renvoyer chez eux pour qu'ils y jouent, à notre profit, le rôle de sorcier.

Le proverbe qui dit que nul n'est prophète en son pays recevrait vite un éclatant démenti, et nous aurions de cette façon une armée de missionnaires d'un nouveau genre qui, stylés par nous, ne tarderaient pas, grâce à l'usage qu'ils feraient de leur prestige, à nous conquérir bien des masses que le système de la dynamite mettra longtemps à soumettre à nos lois. C'est une utopie, j'en conviens, mais si elle était applicable, quels profits n'en tirerions-nous pas ?

CHAPITRE XXI

Imprévoyance des noirs. — Ravitaillement de la colonne. — Une mission chez l'Almamy Samory. — Le prince Diaoulé Karamoko. — Le plénipotentiaire malgré lui.

Voici venir la saison sèche; les récoltes sont faites et l'indigène se livre à son plaisir favori : chaque soir, on entend au loin, dans la direction des villages, les battements sourds et précipités des tam-tams et, à la lueur de grands feux de paille, on danse partout au pays nègre.

Le mil est gaspillé, sans souci du lendemain, à la fabrication du dolo; on épuise les provisions, les greniers paraissent intarissables et l'indigène paie souvent par de grandes privations, quelquefois même de sa vie, son insouciance et son trop de confiance dans l'avenir.

Si les noirs sont retombés dans leur nonchalance habituelle, nous sommes en revanche très occupés; la colonne est en route et doit arriver à Kita dans les premiers jours de janvier. Comme il faut assurer sa subsistance partout où elle doit passer, nous recevons tous les jours de nombreux convois de mulets, d'ânes, et même d'hommes chargés de caisses de toutes sortes: biscuits, farine, riz, sucre, café, sel, vin, eau-de-vie, haricots, etc., etc. Les convois d'hommes porteurs, pour la composition desquels on procède la plupart du temps par voie de réquisition, marchent en longues files et les pauvres diables portent sur leur tête les fardeaux qui leur sont confiés ; quand la fatigue est trop grande, ils se contentent, pour se reposer, d'élever les colis et de les porter à bout de bras pendant quelque temps. La charge d'un homme est de 25 à 30 kilogrammes ; chaque porteur reçoit comme indemnité un mètre de guinée par journée de marche et doit pourvoir lui-même à sa subsistance en dehors du litre de riz que l'administration lui alloue.

A mesure que les approvisionnements arrivent, il faut les envoyer en avant dans les autres postes plus éloignés, et du matin au soir nous sommes occupés à recevoir et à expédier ces convois ; à peine s'il nous reste le temps indispensable pour prendre nos repas.

La colonne, forte de 1200 hommes, arrive le 8 janvier et se met en route le 10, afin de poursuivre une armée de Samory, qui se trouve, comme je l'ai dit plus haut, dans un village situé à quarante et quelques kilomètres de Kita.

Notre colonne s'est séparée en deux parties : la première doit faire un grand mouvement tournant afin d'empêcher l'ennemi de fuir en lui barrant le passage ; l'autre partie doit l'attaquer et le forcer à sortir de son retranchement Malheureusement, le mouvement a été mal exécuté et nos troupes, à leur arrivée, n'ont pu qu'assister à l'incendie du village que Samory venait d'abandonner.

Pendant ce temps, Médine, Kayes et Bakel étaient menacés par Mamadou Samine, autre marabout prêcheur de guerre sainte, qui avait pu rassembler 10.000 musulmans fanatiques. Notre colonne abandonna la poursuite des Samoriens pour revenir sur ses pas au secours de nos postes du Sénégal.

Nous apprenons plus tard que le fort de Bakel a été assiégé, et que de nombreux et sérieux engagements ont eu lieu, mais toujours au plus grand succès de nos troupes. Tout le temps que dure cette campagne, l'ennemi intercepte nos communications avec Saint-Louis, de sorte que nous restons trois mois sans nouvelles de France.

Pendant ce temps, une mission composée de trois officiers, MM. Tournier et Péroz, capitaines d'infanterie de marine, et Mamadou Racine, capitaine indigène aux tirailleurs sénégalais, se rend auprès de l'Almamy Samory, que ses nombreuses défaites ont fait réfléchir sur les dangers qu'il court en restant notre ennemi, et qui demande à signer un traité de paix.

Pour prouver qu'il est de bonne foi et pour nous montrer la confiance qu'il a en nous, il confie son fils, Diaoulé Karamoko, à nos officiers, qui doivent lui faire faire un voyage en France.

Le jeune prince a dix-sept ans; c'est un assez joli garçon, à la physionomie douce et intelligente; son costume se compose d'un grand boubou blanc tombant sur les genoux, puis d'une large culotte en forme de jupon. Sa tête est entourée d'un volumineux turban en mousseline rayée d'or, par-dessus lequel il porte un immense chapeau surmonté d'un panache de paille; il tient d'une main une large hache en argent, massif emblème de son commandement. Il a beaucoup de grâce et de souplesse dans tous ses mouvements, et l'on est très étonné en l'entendant parler, tellement son accent bref et impérieux contraste avec son visage d'adolescent; on sent déjà en lui le conquérant et le despote habitué à voir tout et tous plier devant son autorité.

Avant son départ, il a fait à son père le vœu de chasteté qui a tant amusé les Parisiens, et il est aisé de voir que les demoiselles de la capitale qui voudront le combler de leurs faveurs en seront pour leurs frais, quoiqu'il nous ait avoué à son retour que les tentations avaient été grandes, surtout à l'hippodrome, où les *femmes à cheval* ont fait son admiration.

Sa suite est composée de trois cents personnes environ : une cinquantaine de jeunes gens de son âge à peu près forment sa cavalerie d'escorte et caracolent autour de lui; ce sont presque tous des fils de chefs.

Devant lui marchent des griots qui chantent et

jouent du balafon ; derrière son cheval, une centaine de fantassins trottinent serrés les uns contre les autres, en élevant leur fusils en l'air.

Puis après ce cortège d'honneur vient un long convoi en tête duquel marchent une vingtaine de femmes chargées de soigner le prince pendant la route; leur besogne consiste à lui préparer ses repas, à prendre soin de son linge et de ses vêtements, à le masser après ses bains, etc. Derrière ces femmes viennent une cinquantaine de captifs qui représentent l'*argent de poche* que le père a donné à son fils avant le départ.

A son entrée au fort, Karamoko est salué de quelques coups de canon qui jettent un certain émoi parmi les cavaliers.

Les démonstrations officielles faites au jeune prince, sur son passage, le comblent d'orgueil et ont le tort de lui faire prendre trop au sérieux sa petite personnalité.

Nous sommes malheureusement trop enclins en France à exagérer les égards et les honneurs que nous devons à ces personnages exotiques, de bien peu d'importance en réalité, et pour lesquels nous ne devrions avoir généralement qu'une bienveillante curiosité. Nous arrivons même quelquefois à nous duper nous-mêmes, et je n'en veux pour preuve que l'accueil qui fut fait à cet Abdel-Kader-ben (je ne sais quoi) venu à St-Louis en 1884, auquel nous avions fini par faire croire, dans le désir que nous avions de le croire nous-mêmes, qu'il était envoyé de Tombouctou auprès du chef des Français. Ce malheureux, qui n'était qu'un simple marchand venu dans le but d'acheter des marchandises pour remonter son fonds de commerce, se défendit d'abord du titre qu'on s'obstinait à lui donner, mais voyant qu'on le comblait à cause de cela d'égards et de présents, il comprit l'intérêt qu'il avait à se laisser faire et finit par prendre son rôle au sérieux.

Son voyage en France fut un événement ; les journaux en parlèrent et donnèrent son portrait, les cadeaux lui arrivèrent de tous côtés au Grand-Hôtel, où on l'avait logé. De retour dans son pays, il s'empressa de vendre les produits des libéralités des blancs et, au bout de quelque temps, manifesta le désir de revenir en France faire de nouvelles provisions.

Mais la mèche était éventée, et Karamoko en route, de sorte que cette tentative n'eut aucun succès.

Le séjour du jeune prince chez les chrétiens ne parut pas d'ailleurs avoir sensiblement adouci ses mœurs ; à son retour, Samory délégua au devant de lui une troupe de chefs et d'hommes pour lui faire la même escorte d'honneur qu'il avait à son départ; or, l'État avait comblé Diaoulé Karamoko de cadeaux parmi lesquels se trouvait un mousqueton dont il ne tarda pas à faire usage; le jour où les puissants chefs envoyés par son père le rencontrèrent, un de ceux-ci sortit du rang sans y être autorisé, peut être pour manifester son enthousiasme de revoir le fils du maître redouté, Karamoko lui donna l'ordre d'y rentrer au plus vite et, trouvant que le chef mettait de la lenteur à lui obéir, il épaula son mousqueton et le fit rouler à bas de son cheval, d'une balle dans la tête.

CHAPITRE XXII

Action du climat sur la santé. — Disette aux environs de Kita. — Départ pour Niagassola. — Goubanko. — Siège de Goubanko par la colonne Borgnis-Desbordes. — Sytakoto. — Mourgoula et Koukourouni.

Pour la cinquième fois, je viens de voir s'écouler les brûlantes journées de la saison sèche : ces journées, toutes semblables, éblouissantes et monotones sous la sérénité de leur ciel trop clair. Cinq fois déjà j'ai vu le pays se transformer en une immense fournaise sur laquelle les yeux ne peuvent se poser, tellement la réverbération en est aveuglante dans sa blancheur incandescente. Au-dessus des plaines brûlées, s'élève une vapeur tremblotante semblable à celle qui se dégage d'un brasier ardent.

Après un aussi long séjour, on s'aperçoit, telle santé que l'on ait, de l'influence néfaste, à la longue, du climat sur l'organisme. Si l'on a résisté à toutes les maladies graves qui atteignent l'Européen dans ces contrées, on n'en ressent pas moins un immense affaiblissement moral et physique. Il semble que la machine humaine soit usée et qu'elle ait fourni plus qu'elle ne devait fournir ; les membres sont douloureux au contact ; les oreilles tintent perpétuellement, la tête pesante paraît enfermée dans une calotte de plomb. Ces phénomènes peuvent passer pour être d'ordre nerveux; mais ce qui est palpable, c'est l'enflure des jambes qui, d'abord gênées dans leurs mouvements, finissent par refuser le service; on éprouve des éblouissements presque continuels, pendant lesquels le sol semble fuir, rouge, sous les pieds, et les syncopes sont fréquentes.

C'est l'anémie qui s'empare de vous, qui abolit toute espèce de résistance morale, qui paralyse le fonctionnement du cerveau et rend impropre à tout travail.

L'homme envahi par ce mal n'a plus qu'un désir, rentrer au pays; qu'une crainte, malheureusement justifiée dans bien des cas, celle de n'avoir pas la force de faire le voyage.

La possibilité immédiate de retour peut cependant quelquefois faire disparaître comme par enchantement tous les symptômes morbides.

Et dans le cas contraire, le malheureux, terrassé par le climat, devient de plus en plus sombre; il soupire et pleure à tous moments, son teint devient livide, sa peau se sèche, les aliments difficilement pris sont plus difficilement digérés, d'horribles maux de tête surviennent et avec eux un sommeil tourmenté par des cauchemars atroces; puis ce sont des vomissements, une diarrhée incoercible. Le coma et... l'idée de civilisation a fait une victime de plus...

Je viens d'être assez fortement éprouvé par une fièvre bilieuse, et durant cette maladie j'ai pu apprécier tout le dévouement de Nadouba; elle ne m'a jamais laissé seul un instant, couchant sur une natte étendue à terre à côté de mon lit, épiant le moindre de mes mouvements, me soignant à la mode du pays, par des massages, pressant ma tête en feu entre ses petites mains fraîches; m'éventant doucement lorsque ma respiration était haletante et que je semblais avoir trop chaud. La nuit, quand j'avais le délire, « *mon parlé du dormir* » lui faisait peur; alors je me réveillais sentant ses mains presser les miennes et je l'entendais pleurer...

Au bout de quelque temps, n'étant pas assez malade pour obtenir de rentrer à Kayes, je demande l'autorisation d'accompagner un convoi qui doit se diriger sur *Niagassola*, dans les premiers jours de juin. Cette permission m'est accordée, d'autant plus facilement que ce convoi est important et nécessite la présence d'un Européen.

Je suis très heureux de cette circonstance qui va me permettre de connaître un nouveau pays et de voir un de mes amis qui est médecin du poste. Les semailles de mon petit village sont terminées et je puis très bien m'absenter quelques jours.

La disette commence à se faire sentir dans le pays. Les indigènes, que le voisinage de l'armée de Samory a retenus, bloqués dans les villages pendant l'hivernage précédent, n'ont pu faire que de faibles récoltes et, pour comble de malheur, notre colonne, plus forte cette année-là, a fait des réquisitions plus considérables ; de sorte que les malheureux Kitankés en sont réduits à se nourrir de racines et d'herbages.

Le deux août, nous nous mettons en route ; mon convoi se compose de cent quatorze porteurs, de quatre tirailleurs sénégalais, de mon domestique, de deux palefreniers et de Nadouba, accompagnée de *Moussô Koura* (femme neuve), sa petite captive favorite.

Les porteurs et les tirailleurs marchent les uns derrière les autres en une longue file de plus de cinq cents mètres, derrière laquelle je chevauche au milieu d'un nuage de poussière. Nadouba marche derrière moi en tenant à poignée la queue de mon cheval afin de ne pas se laisser distancer et aussi pour faciliter sa marche ; *Moussô Koura*, avec ses petites jambes d'enfant, trottine derrière elle en tenant un coin de son pagne.

A sept heures du soir, nous arrivons au village de Goubanko, où nous disposons notre premier campement.

Ce village fut autrefois la terreur du pays et son histoire vaut la peine d'être racontée :

En 1868, quelque temps après l'invasion du Birgo par un puissant chef musulman, une centaine d'habitants, échappés au massacre, vinrent à Kita et, en faisant mille promesses de soumissions, demandèrent à Tokonta (1) un terrain sur lequel ils puissent s'établir et construire un village.

Tokonta, heureux et flatté d'avoir de nouveaux vassaux, leur désigna une plaine située à 12 kilomètres au sud de Kita.

Ko et Modi-Ouley, les deux principaux personnages de cette émigration, se rendirent à l'endroit désigné et appelèrent bientôt d'autres petits chefs qui, comme eux, avaient dû fuir, ruinés par la guerre. Le village de Goubanko devint vite très important; les habitants construisirent un *tata* considérable et donnèrent asile à tous les malfaiteurs et révoltés de tous les pays voisins.

Au bout d'une année, Tokonta s'aperçut qu'il n'était plus le maître; son autorité était méconnue, et de nombreuses chicanes s'élevaient entre lui et les chefs de Goubanko; néanmoins, il ne voulut pas rompre complètement avec eux et, pour rester en bons termes, donna l'une de ses filles à l'un des chefs; mal lui en prit, car ce mariage précipita les hostilités. La jeune princesse n'était plus vierge, et en pareil cas le nouveau marié a le droit de réclamer une indemnité, ce qu'il s'empressa de faire. Mais Tokonta ne l'entendait

---

(1) Tokonta, parent du vieux roi Makadougou, que nous avons déjà vu dans son village de Niafala, était en réalité le chef actif du pays.

pas ainsi. Il exigea de son gendre des preuves que ce dernier ne pouvait lui donner et à son tour réclama le restant de la dot qui n'avait pas été complètement versée.

Ni la dot, ni l'indemnité ne furent payées, mais à partir de ce moment, des luttes quotidiennes éclatèrent entre les deux partis; les habitants de Goubanko, plus hardis et plus braves que les Kitankés, vinrent jusqu'au milieu des villages voler le bétail, les captifs, les femmes et les enfants; il n'y avait plus la moindre sécurité dans le pays; les Duilhas même ne pouvaient plus circuler librement et se trouvaient forcés de voyager en bandes armées.

Tokonta se décida à appeler à son secours l'Almamy Abdallah qui, au nom du roi de Séïgou, commandait une place forte appelée Mourgoula, située à une quarantaine de kilomètres sur la route du Manding. L'Almamy, qui avait tout intérêt à détruire Goubanko, dont la puissance grandissait de jour en jour, vint se joindre à Tokonta pour l'attaquer de concert.

Les assiégés avaient eu le temps de s'approvisionner de vivres; ils étaient nombreux et bien armés, aussi opposèrent-ils une vive résistance.

Au bout de trois mois, les assiégeants perdirent courage et abandonnèrent la place, non sans avoir roué de coups Tokonta, auquel ils reprochèrent d'être cause de tout, par la sottise qu'il avait faite en donnant un terrain aux gens de Goubanko.

Tokonta, déçu, battu et peu content, rentra à Kita, à moitié assommé et jurant, mais un peu tard, qu'on ne l'y prendrait plus.

En 1881, la colonne expéditionnaire arrivait à Kita sous les ordres du colonel Borgnis-Desbordes ; elle comptait à peine quatre cents combattants, dont cent cinquante Européens : le ravitaillement de ces troupes avait subi de grands retards et l'on fut obligé de réquisitionner du mil et du bétail dans les villages. Les habitants de Goubanko, se sentant puissants derrière leur tata, refusèrent ce qu'on leur demandait, disant qu'ils ne donneraient rien à des étrangers amis de Tokonta, et les chefs poussèrent l'audace jusqu'à menacer le colonel, s'ils n'abandonnait le pays.

Il n'y avait pas à hésiter, il fallait faire respecter notre autorité, et le siège de Goubanko fut décidé.

Le onze février, à quatre heures du matin, la colonne se mettait en marche et arrivait à sept heures en face du tata. Mais je laisse la parole au capitaine Pietri, qui a raconté cet épisode dans son livre *Les Français au Niger*.

« Les habitants s'attendaient à l'attaque et avaient
« accompli dans les alentours toutes les cérémonies
« accoutumées en pareil cas. Les sorciers avaient dé-
« crit sur la poussière des sentiers, des dessins ma-
« giques ; ils avaient tué la poule noire, observé ses
« contorsions pour en tirer des pronostics pendant

« qu'elle agonisait et l'avaient pendue en grande
« pompe à un arbre au bord du chemin de Kita.

« Quand les guerriers virent l'ennemi s'approcher,
« ils tentèrent une sortie qui fut vite repoussée ; puis,
« à leur grand effroi, ils entendirent les coups de canon
« commencer l'attaque. Une heure après, le village
« était en feu et la brèche se faisait. La colonne était
« rangée vers le Nord, du côté de Kita ; à droite et à gau-
« che, se tenaient les indigènes de Tokonta, attendant
« la fin de la lutte pour se précipiter sur les vaincus.

« A onze heures, la brèche était suffisante, le fossé
« comblé, et la colonne d'assaut marcha vers l'en-
« ceinte, conduite par le commandant Voyron. Le pre-
« mier tata fut aussitôt enlevé : pour prendre le
« deuxième, il fallut faire avancer la compagnie d'ou-
« vriers, sous les ordres du capitaine Archinard (1). La
« défense était énergique et à chaque instant plus
« vive. Un troisième assaut fut nécessaire pour em-
« porter la troisième enceinte où les plus braves des
« survivants s'étaient retirés.

« Cette dernière partie du combat fut aussi la plus
« meurtrière : acculés dans leurs derniers retranche-
« ments, les défenseurs se battirent en désespérés et
« ne laissèrent que des cadavres au milieu de l'incen-
« die qui dévorait le village.

(1) Aujourd'hui (1889) commandant supérieur du Soudan
français.

« Enfin Goubanko était pris.

« La prise de Goubanko si vivement enlevé étonna profondément tous les pays Malinkés jusqu'au Niger.

« Jamais ils n'avaient vu mener si rapidement une action militaire ; les premiers jours, la nouvelle ne trouva que des incrédules. Ce fort village si redouté détruit en trois heures !

« L'Almamy de Mourgoula fit mettre aux fers comme mauvais plaisant le premier qui osa le lui annoncer...

« De notre côté, parmi les victimes, on compte à l'assaut le capitaine Pol, de l'artillerie de marine, jeune officier doué des qualités les plus brillantes, et qui n'exprimait qu'un regret en expirant, c'était de ne pas mourir d'une balle allemande ; le surlendemain, c'était le capitaine Marchi, de l'infanterie, qui succombait aux fatigues éprouvées pendant cette chaude journée.

« Quelques jours après ce tragique épisode de la campagne, la première pierre du fort de Kita fut posée en présence de la colonne sous les armes. »

(*Les Français au Niger*, Capitaine Pietri.)

Les habitants de Goubanko, après cette rude leçon, se sont soumis et ont accepté notre autorité ; ils forment aujourd'hui une sorte de petite république composée de trois villages placés chacun sous les ordres d'un chef différent.

C'est sous un grand arbre, en face de la brèche du tata par laquelle nos troupes sont entrées à l'assaut, que nous faisons halte.

Le trois, au petit jour, au moment de nous mettre en marche, je m'aperçois que huit de mes porteurs ont déserté pendant la nuit; la chose ne me surprend pas; car tous ces hommes ont été réquisitionnés, et à cette époque, qui est celle des semaillles, il leur est pénible de quitter leurs travaux de culture pour faire le dur métier de porteurs.

Je fais demander huit autres hommes aux chefs de Goubanko, qui donnent immédiatement satisfaction à ma requête.

Quelques kilomètres plus loin que Goubanko, le pays devient assez joli : ce sont de petites collines que les premières pluies ont rendues verdoyantes. Puis une forêt de caïcéidras (sorte d'acajou), dans laquelle on est venu prendre une partie du bois nécessaire à la construction du fort de Kita; beaucoup d'arbres sont coupés.

Nous arrivons à un grand marigot sur lequel est jeté un pont en branches recouvertes de terre damée; il est en si mauvais état que les porteurs ne s'y aventurent que les uns après les autres. Quant aux chevaux, nous sommes forcés de les faire traverser à gué.

Vers midi, nous nous trouvons à la mare de Dababa; en face de nous se profilent en bleu foncé les montagnes de Sytakoto; nous ne trouvons pas d'ombrage suffisant pour passer la journée, et je fais dresser ma tente. Tous les porteurs se sont dirigés du côté de la mare, qui est à quelques centaines de mètres de mon campement. Ils reviennent bientôt avec une quantité de tortues, d'assez petite taille (vingt centimètres de long environ); la carapace est peu convexe, ovale et recouverte d'une peau molle et verdâtre offrant assez l'aspect d'une couche de caoutchouc. Je veux en conserver une; mes noirs me disent que leur urine répand une odeur intolérable et qu'il ne faut même pas en garder sous la tente.

Mes porteurs les cuisent et les mangent.

A cinq heures de l'après-midi, nous avons à subir une violente tornade. La pluie est chassée avec une telle impétuosité qu'on pourrait se croire sous un déluge de grêle.

Ma tente est emportée et nous sommes obligés de nous accroupir en tournant le dos à la bourrasque qui heureusement ne dure guère qu'un quart d'heure. Pendant la nuit un de mes chevaux s'échappe, nous nous mettons à sa poursuite, et je promets une prime au noir qui le ramènera; mais, c'est en vain. Nous rentrons exténués de notre course et de nos efforts et je faisais le sacrifice de ce précieux serviteur, quand, à trois heures du matin, au moment de donner le signal du réveil, quelle n'est pas ma surprise en apercevant mes deux chevaux couchés l'un près de l'autre; le fugitif était revenu en tapinois près de son compagnon, effrayé probablement du voisinage des fauves et trouvant agréable de recevoir sa ration de mil avant le départ.

Pendant cette même nuit, deux des porteurs, profitant sans doute de l'alerte que nous a causé l'escapade du cheval, ont pris aussi la clef des champs et ont disparu. Ce sont les tirailleurs qui se chargent de leur fardeau.

Le jour n'était pas encore levé quand nous nous mettons en route, afin d'arriver à l'étape avant la grande chaleur qui, à cette époque de l'année, est intolérable dès neuf heures du matin.

Au village de Sytakoto, nous faisons halte pour demander deux porteurs au chef de l'endroit; puis, après deux heures de marche, nous arrivons aux ruines de Mourgoula.

Cette place, forte autrefois, fut détruite en 1882 par le colonel Borgnis-Desbordes; elle était habitée à cette époque par des Toucouleurs ayant pour chef l'Almamy Abdallah et son ministre Souleyman, qui ne cessaient de nous créer mille difficultés en arrêtant les troupeaux nous venant du Niger et en pillant les caravanes qui passaient à proximité de leurs murs. De plus, il était question d'une entente entre les deux Almamys Samory et Abdallah pour attaquer le poste de Kita, dont la construction était à peine achevée.

C'est ce qui décida le colonel à expulser cette population agressive et insoumise.

Abdallah, convaincu de son impuissance contre nos troupes, n'opposa pas de résistance et abandonna le pays, le village fut brûlé, le tata démoli. C'est au milieu de ces ruines que nous passons la fin de notre journée et la nuit.

Les restes d'une grande case de forme presque rectangulaire, que je suppose avoir été la demeure de l'Almamy, me semblent un abri plus sérieux contre les ardeurs du soleil que notre tente et nous y établissons notre campement.

La journée est particulièrement chaude ; le soleil vient enfin de disparaître, embrasant de ses derniers feux les ruines d'argile de l'ancienne cité guerrière. D'un rouge pâle qu'elles étaient tout à l'heure, elles prennent maintenant une teinte grise et sombre, puis, au loin, dans la plaine autrefois animée et sillonnée par des cavaliers aux vêtements éclatants, à présent triste et désolée, on entend le cri sec et guttural de quelques perdrix se cachant sous les hautes herbes envahissantes. Au-dessus de nos têtes voltigent lourdement et comme affolées une nuée de chauves-souris que l'approche de la nuit a tirées du fond de leurs retraites obscures.

A pareille heure, il y a quelques années seulement, à cette place que j'occupe, les prêtres du Maghreb se prosternaient vers l'Orient en psalmodiant leurs prières « au seul grand et vrai Dieu de l'Islam dont Mahomet est le prophète », tandis qu'aujourd'hui, à cette même place, c'est un keffir (1) qui s'apprête prosaïquement à prendre son repas du soir, composé de mets impurs, arrosés de boissons fermentées (2).

La soirée est étouffante, et de ces murs en terre, surchauffés pendant la journée, se dégage une odeur âcre et écœurante; des bouffées d'air brûlant soulèvent de temps en temps des nuages de poussière et vous donnent l'illusion d'un gigantesque four qui s'ouvrirait devant vous.

A l'horizon, des éclairs pâles et tremblotants se succèdent sans trêve derrière un gros nuage noir aux contours nets et arrondis.

Pendant la nuit éclate un orage épouvantable. Le tonnerre gronde, terrible et sans interruption; les éclairs sillonnent le ciel et font pâlir la flamme d'un feu allumé pour nous protéger du voisinage des serpents, qui foisonnent au milieu de ces ruines. La pluie est si violente que la terrasse de la case sous laquelle nous sommes abrités se détrempe et tombe sur nous en boue épaisse. Quelques noirs sont venus chercher asile près de moi, mais nous sommes bientôt obligés

---

(1) Nom que donnent les musulmans à tous ceux qui ne sont pas de leur religion.
(2) La religion musulmane défend l'usage de ces boissons.

de sortir, car des mottes de terre se détachent de toutes parts et des rigoles se creusent dans les murs qui peuvent s'écrouler sur nous, d'un moment à l'autre.

Une heure environ après que nous l'avons évacuée, la case s'affaisse avec un bruit mou de terre détrempée, et c'est ainsi qu'au bout de très peu d'années Mourgoula aura disparu, laissant, au milieu de la grande plaine broussailleuse, des petits monticules d'argile semblables à des tombes, seules traces qui indiqueront aux voyageurs l'emplacement de l'ancienne cité musulmane.

Après l'orage, une pluie fine continue à tomber et ne cesse qu'à l'approche du jour. Au moment où nous reprenons notre route, les chemins sont couverts d'une boue grasse qui rend la marche très difficile pour les porteurs; les pauvres gens glissent et à chaque instant il y a des chutes; l'un d'eux tombe malheureusement et se casse un bras; un tirailleur prend sa charge, et le blessé continue à suivre le convoi en soutenant son bras de sa main valide.

Le pays est très accidenté; nous montons et descendons continuellement à travers des sentiers rocheux en pente rapide; dans les vallées, on trouve de vraies forêts de bambous d'une hauteur et d'une grosseur extraordinaires. Après cinq heures d'une marche assez pénible, nous arrivons à Kokorouni. L'endroit où nous campons est charmant, ombragé par de beaux grands arbres et d'immenses palmiers; le lit d'un ruisseau peu profond est formé de roches plates sur lesquelles l'eau coule fraîche et limpide. De nombreux oiseaux s'envolent à notre approche et des bandes de petits poissons filent comme des traits en faisant scintiller l'eau de leurs reflets argentés.

Le porteur blessé demande à continuer sa route sur Niagassola, distant encore d'une trentaine de kilomètres. Le malheureux n'a pas proféré une plainte depuis son accident. Avec le fatalisme des noirs, il est aussi résigné que s'il s'agissait d'un simple bobo; après lui avoir donné une lettre pour le commandant du fort, je lui fais maintenir le bras avec des serviettes mouillées, et je lui fais boire un verre de rhum, avant de le laisser se mettre en marche d'un pied léger.

CHAPITRE XXIII

Nadouba retrouve son ancien campement. — Arrivée opportune au fort de Niagassola. — Le village. — Mambi. — La famine. — Départ du fort.

Nadouba se souvient d'avoir campé au marigot de Kokorouni, avec le convoi de captifs dont elle faisait partie lors de son arrivée à Kita. Elle me mène dans une petite clairière, assez éloignée de la route, où l'on aperçoit encore quelques traces du campement; plusieurs assemblages de trois cailloux noirs de fumée indiquent l'emplacement des feux auprès desquels les captifs étaient couchés; elle me montre sa place, ainsi que le piquet après lequel on avait attaché les fers qui entravaient ses pieds.

« Il faisait bien froid cette nuit-là, me dit-elle. En dormant, je m'étais tellement rapprochée de mon feu que je me suis brûlée; j'ai poussé un cri; alors les Duilhas, qui étaient couchés là-bas sous cet arbre, sont venus demander ce qu'il y avait; quand ils ont vu que je les avais réveillés pour rien, ils m'ont battue avec le *gros bout* de leurs fusils; moi, je n'ai pas pleuré, mais j'ai fait comme si j'étais morte; alors, ils m'ont laissée en disant: quand nous arriverons à Kita, il faudra la donner aux blancs. C'était pour m'effrayer, car, dans ce temps-là, j'avais très peur des blancs ; on disait qu'ils avaient battu les armées de Samory ; alors je pensais que s'ils étaient les plus forts, ils devaient être aussi les plus méchants. »

Les environs du marigot où nous avons fait halte sont peuplés de gibier ; dans l'après-midi je tue une gazelle de petite taille appelée communément *biche-cochon*, à cause de la grande ressemblance qui existe entre sa tête et celle du porc.

A la tombée de la nuit, des perdrix viennent jusque dans notre camp se livrer à mes coups de fusil.

Après avoir passé une nuit plus calme que les deux précédentes, nous reprenons la route de Niagassola.

Le pays continue à être accidenté : nous traversons encore trois jolis marigots bordés d'épais fourrés de bambous et de grands palmiers ; enfin, vers midi, nous apercevons le fort, situé au fond d'une plaine, sur une petite colline ; son aspect n'a rien d'imposant : c'est un modeste chalet à un étage, entouré d'un balcon en bois ; on se croirait plutôt en face d'une villa qu'en face d'une forteresse. La garnison se compose d'un officier, d'un médecin, de trois ou quatre sergents et caporaux européens et d'une trentaine de tirailleurs sénégalais.

Un tata en terre entoure les dépendances qui comprennent le village des tirailleurs, la prison, l'infirmerie, des ateliers et des écuries.

D'aussi loin qu'ils l'aperçoivent, le commandant et le médecin viennent au devant de mon convoi; ils sont d'autant plus heureux de notre arrivée que leurs approvisionnements sont épuisés depuis quelques jours; ils en sont réduits à manger du biscuit avarié; quant à du tabac, des allumettes, des bougies, il y a beau temps que ces objets si nécessaires sont passés à l'état de souvenir. Ils m'invitent à partager leur repas en me prévenant que la cuisine laisse beaucoup à désirer.

Au village, la détresse est grande; les indigènes en sont réduits à se nourrir d'un tubercule vénéneux fort difficile à trouver et qu'ils sont obligés de faire macérer pour en annihiler les principes malfaisants. Beaucoup de ces malheureux, n'ayant pas la patience d'attendre les trois jours que dure cette préparation, meurent empoisonnés; d'ailleurs, quoi qu'on fasse, ce mets reste malsain et occasionne des éruptions cutanées très douloureuses.

Nous allons, le docteur et moi, visiter le village de Niagassola, qui se trouve au pied du poste, à quinze cents mètres environ, dans une plaine légèrement déclive vers le Sud; il est entouré d'un tata encore assez solide, bien que les indigènes ne l'entretiennent plus depuis l'occupation française; les pluies le dégradent chaque année, et il est probable que son existence ne sera plus de longue durée; d'ailleurs, toute citadelle indigène est inutile, aujourd'hui que les canons du fort commandent la plaine dans toute son étendue, et que notre présence seule assure désormais la sécurité des habitants.

Au centre du village se trouve la demeure du chef, entourée d'un autre tata en bon état. Celui-là est très élevé, c'est une sorte de réduit où, dans le cas de prise du village, les guerriers doivent se retirer et résister jusqu'à la mort.

Nous nous y rendons dans le but de faire une visite au vieux chef, Mambi, que nous trouvons accroupi sur une peau de bœuf, devant le seuil de la porte principale de son enceinte fortifiée.

Mambi est un descendant d'une famille autrefois riche et puissante, dont les domaines s'étendaient jusqu'au Niger; les incursions des musulmans Toucouleurs ont réduit tout cela à quelques pauvres villages du Manding sur lesquels Mambi n'a même plus la moindre autorité.

La famine qui désole son village ne semble pas, à en juger d'après l'état dans lequel nous le trouvons, s'abattre bien cruellement sur lui, et tout porte à croire qu'il a dû faire des approvisionnements personnels en prévision de ce moment difficile. Dans tous les cas, s'il n'a pas mangé depuis trois jours, comme il nous l'affirme en nous montrant son ventre dont il prend la grosse peau épaisse à poignée, dans un geste plein d'éloquence, mais dépourvu de décorum, il a dû boire d'une façon exagérée, car sa parole est embarrassée et les hoquets qui soulèvent sa poitrine ne sont pas sans nous inquiéter; aussi, nous hâtons-nous de mettre entre lui et nous une distance respectable en continuant notre promenade dans le village.

Les rues y sont étroites et tortueuses, horriblement sales et encombrées d'ordures sans nom; les malheureux faméliques que nous rencontrons sont dans un état de maigreur lamentable, et tellement faibles que beaucoup n'ont plus la force ni le courage de chercher leur nourriture; il en meurt plusieurs par jour; nous passons devant une case où nous voyons une femme chercher dans le crottin de cheval les quelques grains qui peuvent encore s'y trouver. On ne rencontre pas le moindre animal domestique. Des chasseurs partent tous les jours pour essayer de tuer quelque gibier, mais ils sont si maladroits qu'ils reviennent généralement bredouilles.

Cette misère est d'autant plus navrante que nous pouvons nous accuser d'en être indirectement la cause et que nous sommes impuissants à la soulager.

En effet, en 1885, lors de la malheureuse affaire de Nafadié, notre colonne expéditionnaire, trop faible pour résister à l'armée de Samory, dut battre en retraite devant elle, et fut obligée de reculer jusqu'à Niagassola. L'ennemi poursuivit nos troupes jusqu'à ce point que la proximité du fort, récemment construit, ne lui permit pas de dépasser ; mais il fit subir le contre-coup de sa fureur au village qu'il détruisit en partie, tandis que Fabou, le frère de Samory, occupait Galé, un village situé à peu près à la moitié du chemin de Kita à Niagassola. Il résulta de cette occupation, pendant toute la saison généralement consacrée à la culture, une circulation perpétuelle de cavaliers pillards, qui interdirent aux habitants la sortie des villages et les empêchèrent de se livrer aux travaux des champs.

Au moment de rentrer au fort, nous rencontrons le porteur au bras cassé ; il a dédaigné les soins du médecin et se fait traiter par un rebouteur en renom qui habite le village ; son bras est enveloppé de feuilles vertes et de petites branches qui servent d'éclisses. Je lui demande ce qu'il va manger s'il attend sa guérison ici ; il me répond, sans paraître s'inquiéter outre mesure, qu'il ne sait pas, mais qu'à présent il n'a pas faim.

Le docteur essaie de lui faire entendre raison ; moi-même, je suis aussi persuasif qu'on peut l'être quand on connaît les côtés faibles de ces entêtés : Viens au fort, lui disons-nous, tu seras soigné, tu auras à manger tant que tu voudras : du bon riz, de la viande, des arachides, du sel, etc. ; on ne te fera pas mal, on ne te coupera pas le bras ; ici, tu vas mourir de faim, etc. Rien ne le décide et à toutes nos propositions il nous répond qu'il aime mieux rester ici. — Ceci peint suffisamment le caractère du noir, supportant les plus intolérables douleurs sans sourciller ; acceptant les plus grandes calamités sans proférer une plainte ; bravant la mort sans broncher, et, à côté de cela, d'une pusillanimité incroyable devant l'inconnu.

Celui-ci a sans doute entendu parler des instruments mystérieux et compliqués dont se servent les médecins blancs, et cela a suffi à l'effrayer, alors qu'il se laisserait facilement charcuter par un forgeron ; il sait qu'il est impotent, livré à lui-même et qu'il n'a aucun secours à attendre des habitants du village ; qu'on le laissera mourir comme un chien ; cette perspective effrayante ne l'émeut pas. Pour le moment, *il n'a pas faim*, — c'est tout ce qu'il lui faut. — Néanmoins, comme le pauvre diable a été blessé en service, j'obtiens du commandant quelques kilos de riz que je lui envoie ; il aura de quoi vivre pendant quelques jours, s'il ne se laisse pas voler sa provision.

La première soirée que je passe au fort est assez triste : le commandant a la fièvre et ne peut dîner avec nous ; le docteur lui-même est souffrant et me quitte avant la fin du repas. C'est la vie dans les postes durant l'hivernage ; il est bien rare que tout le monde soit valide ; quelquefois c'est pendant des semaines que la table se trouve déserte.

On peut croire, après cela, que des compagnons d'exil vivant ensemble, de cette vie triste et monotone, dans un poste retiré comme l'est celui-ci, soient à jamais liés par une amitié indissoluble; que les mêmes souffrances, les mêmes dangers, journellement endurés et partagés, leur font un devoir de se rendre mutuellement la vie plus facile et plus agréable, en suppléant, par une bonne entente, aux distractions extérieures qui leur font défaut; c'est ce qui arriverait probablement dans tout autre pays; mais ici, sans qu'on puisse reprocher à ces solitaires leur mauvais caractère, sans qu'on puisse dire d'eux qu'ils sont insociables, ils en arrivent à se détester, du moins le croient-ils, et cela est venu petit à petit, à mesure que le séjour dans le poste s'est prolongé.

Ce qui prouve bien l'influence du climat sur cet état d'esprit, c'est que plus le poste est malsain, plus les dissensions ont d'aigreur et de violence : ceux qui commandent deviennent tâtillons et d'une intolérance exagérée, les subordonnés d'une susceptibilité outrée, et il leur faut un grand esprit de discipline pour se dominer et ne pas laisser cet état d'irascibilité maladive prendre le dessus.

Kita est renommé comme étant le point le plus sain du Soudan français; aussi est-il bien rare d'y voir régner la mésintelligence parmi la garnison; au contraire, Bammako, qui peut être considéré à juste titre comme le tombeau des Européens, jouit d'une réputation épouvantable. Un vent de discorde y souffle continuellement, et il ne se passe pas d'année que ne surviennent non seulement des brouilles, mais encore de vives querelles qui ont quelquefois un fâcheux retentissement dans la colonie. Une de ces dernières années, le désaccord était tel que, sur cinq officiers vivant au fort, pas un n'adressait la parole à l'autre et que, dans l'obligation de prendre leurs repas dans la même pièce, ils se faisaient servir séparément sur cinq tables, par cinq domestiques qui leur apportaient les mets préparées, par cinq cuisiniers différents, afin de ne rien avoir de commun. Le soir venu, les cinq tables s'éclairaient chacune d'un luminaire.

Il y a tout lieu de croire que s'ils se sont rencontrés plus tard en France, ces officiers ont dû s'amuser au souvenir de ces enfantillages; car quel autre nom donner à ces mesquines chicanes, qui ne peuvent naître que dans un pays où tout contribue à l'affaissement physique et moral des hommes les mieux constitués ? Il me serait difficile de dire dans quels termes vivent mes hôtes ; d'ailleurs, seraient-ils à couteaux tirés que la présence d'un étranger suffit à jeter assez de diversion pour faire oublier tous les ressentiments qui peuvent exister; et puis, je ne me permettrais pas de les juger après l'accueil cordial qu'ils m'ont fait pendant les trois jours que j'ai passés avec eux ; qu'il me suffise de dire que Niagassola est un poste relativement sain.

Les porteurs qui formaient le convoi sont repartis pour Kita le jour même de notre arrivée ; les tirailleurs d'escorte restent au fort pour renforcer la garnison ; de sorte que je reste seul avec Nadouba, Moussô-Kora, mon domestique, mes palefreniers et mes deux chevaux. Je ne suis pas fâché d'être débarrassé de tous ces hommes ; la surveillance continuelle qu'il fallait exercer sur eux, afin d'éviter les nombreux vols qu'ils n'auraient pas manqué de commettre dans les caisses dont ils étaient chargés, ne me laissait aucun moment de répit ; puis, voyageant en nombre, on a peu de chances de rencontrer du gros gibier, et je serais désolé de rentrer à Kita sans avoir tiré quelques coups de fusil qui en vaillent la peine.

Le neuf août, après avoir chaleureusement remercié mes hôtes de leur réception, je quitte le fort de Niagassola.

Le clairon vient de sonner le réveil et le soleil, encore caché derrière les monts du Manding, s'élève rapidement, éclairant déjà leurs sommets d'une vaste auréole lumineuse. Au bout de quelques minutes mon petit convoi se trouve dans la plaine et longe le village ; quel silence et quel calme il y règne ! il n'y a plus de coqs pour saluer l'aube matinale ; pas plus qu'il n'y a de chiens pour prévenir les habitants de l'approche d'un étranger. — C'est l'heure ou d'habitude les troupeaux, mis en liberté, s'élancent dans la plaine. Ici, plus rien !... Les éternels pilons eux-mêmes, n'ayant plus de mil à écraser, restent silencieux à côté de leurs mortiers.

Les habitants somnolent, rongés par la faim, amaigris, sans force, rêvant peut-être d'abondance avant de mourir d'inanition...

Des centaines de vautours noirs, au cou dénudé, couvrent les arbres des alentours, d'où ils surveillent l'intérieur du village, attendant, dans une lourde immobilité, qu'un cadavre sec et décharné soit traîné hors de l'enceinte..

Tout à coup, une clameur s'élève : de plaintifs cris de femmes annonçant qu'un des leurs a cessé de souffrir ; puis, dans une autre direction du village, la même clameur et les mêmes cris, aussi lugubres, signalent une seconde victime... Les vautours semblent comprendre, et s'agitent dans les branches.

Tandis que, tout autour, dans la plaine, doucement caressées par la brise matinale, les tiges déjà hautes des récoltes, pleines de sève, ondulent et bruissent comme une mer houleuse dont les flots verts étincellent sous les premiers rayons du soleil.

CHAPITRE XXIV

Nuit passée avec une panthère. — Les fauves au Soudan. — Le scorpion. — Le myriapode. — Le serpent minute. — Le trigonocéphale. — Le boa. — La filaire de Médine.

Le 11 août, c'est-à-dire deux jours après avoir quitté Niagassola, j'arrive par une pluie battante, vers six heures du soir, en face d'un marigot tellement gonflé qu'il eût été imprudent d'essayer de le franchir. Le jour était à son déclin, l'étape avait été longue et pénible, mes hommes n'en pouvaient plus, et moi-même j'éprouvais une lassitude extrême, de sorte que je me décidai à passer la nuit à cet endroit, bien qu'il ne fût pas un des lieux de campement régulièrement fréquentés. A cette époque, d'ailleurs, tous les campements se valent et offrent à peu près le même aspect sauvage à cause de l'herbe qui croît avec une rapidité inconnue sous nos latitudes et ne tarde pas à faire disparaître toute trace du passage de l'homme.

Après avoir fait saper les broussailles sur un emplacement suffisant pour recevoir ma petite caravane, je fis dresser ma tente et allumer avec une peine inouïe quelques feux destinés à écarter les fauves et à nous protéger de la visite des moustiques.

Ces dispositions prises, nous fîmes le repas du soir, et les noirs, qui n'avaient pas, comme moi, une tente pour les abriter, prirent philosophiquement le parti de se coucher sur le sol détrempé, s'approchant le plus possible du feu devant lequel ils s'étendaient et se retournaient de temps en temps lorsqu'ils se sentaient suffisamment cuits d'un côté.

Sachant par expérience ce que valent les noirs pendant la nuit, et combien il est illusoire de se reposer sur eux du soin de veiller, je leur désignai, pour la forme simplement, le tour de garde que chacun aurait à faire, leur recommandant surtout de ne pas laisser éteindre les feux; mais je me promis à part moi de ne m'endormir que d'un œil et je m'étendis sur mon lit de camp, conservant à portée de la main fusil et revolver.

Cependant le bruit régulier et monotone de la pluie tombant sur la toile raidie, la chaleur lourde et humide qui régnait sous cette sorte de cloche et surtout la fatigue ne tardèrent pas à me plonger dans un profond sommeil.

Je ne saurais dire depuis combien de temps j'avais perdu connaissance, lorsque je fus éveillé en sursaut par un choc soudain qui faillit faire effondrer le fragile édifice sous lequel j'étais installé ; je me levai en toute hâte et, renonçant à obtenir un renseignement quelconque de mes noirs, qui dormaient à poings fermés, je cherchai à me rendre compte de la cause de mon réveil ; mais la pluie qui n'avait cessé de tomber avait presque éteint nos foyers préservateurs, et c'est à peine si quelques tisons laissaient deviner la place où ils avaient été allumés.

Mon premier soin fut de distribuer quelques bourrades afin de réveiller mes hommes pour leur faire raviver les feux ; quelques branches mortes et humides qu'ils y jetèrent produisirent une fumée intense sans donner la moindre flamme. Je me dirigeai néanmoins à l'endroit où les chevaux étaient installés, pensant que l'un deux avait rompu son entrave et, en s'échappant, avait frôlé ma tente dans sa course ; mais je fus très étonné de les trouver tous deux solidement attachés. Quelle était donc la cause de ce choc qui m'avait réveillé ?

Mon domestique, ancien laptot du fleuve, était un garçon courageux, ne s'exagérant pas le danger dans les circonstances critiques ; maintes fois déjà, j'avais eu des preuves de sa sagacité et ce fut à lui que j'expliquai ce qui venait de m'arriver.

Il fut d'avis qu'une biche avait probablement heurté en courant une des cordes qui retenaient ma tente ; pour me prouver ce qu'il avançait, il alla prendre dans ma cantine quelques papiers dont il fit une torche qu'il alluma et se mit à chercher des traces. Il avait raison, nous ne tardâmes pas à découvrir, derrière mon abri, les empreintes toutes fraîches d'une gazelle qui avait traversé le campement.

Rassurés, nous nous disposions à reprendre notre sommeil interrompu, lorsque les chevaux se mirent à tirer au renard et à renâcler en donnant tous les signes d'une profonde terreur. L'idée d'un danger prochain me vint à l'esprit, mais lequel ?

Je pris mon mousqueton et, accompagné de mon domestique armé d'un Lefaucheux chargé de chevrotines, je m'avançai vers l'endroit où semblait être l'objet de l'effroi des animaux; nous attendîmes en tendant l'oreille qu'un bruit quelconque nous indiquât la nature du péril; derrière nous, les palefreniers affolés ne songeaient plus à dormir et, soufflant de tous leurs poumons sur les feux éteints, essayaient sans succès de faire jaillir quelques flammes.

— Il doit y avoir un fauve dans le voisinage, peut-être un lion, dis-je à mon domestique.

— « Non, mon *Toubab*, ça n'y a pas lion ; quand lion « y va venir, lui y a gueuler comme tonnerre ; ça c'est « panthère, y a venir doucement, comme chat, sans « dire à rien ditout. »

Il avait à peine parlé qu'un son rauque et confus, qui pouvait aussi bien se produire tout près que beaucoup plus loin, vint confirmer son assertion ; puis, pendant un instant, nous n'entendîmes plus rien ; j'avoue que je n'étais pas sans anxiété ; si je tirais au jugé dans la direction d'où était venu le bruit, je risquais fort, au lieu d'effrayer l'animal, de provoquer sa colère et de lui faire prendre un parti qui aurait pu nous coûter cher à tous dans l'obscurité où nous étions plongés; au contraire je craignais, en ne bougeant pas, de lui donner confiance et de l'encourager à venir plus tôt nous rendre visite.

Je passais et repassais dans ma tête toutes les histoires plus ou moins fabuleuses que j'avais entendu raconter depuis quelques années au sujet des panthères, et, l'imagination aidant, je me représentais mes noirs égorgés, mes chevaux éventrés, sans compter moi-même, qui courais autant de risques que les autres de recevoir un coup de dent ou de griffes sans savoir au juste d'où et de qui il me viendrait.

Quoi qu'il en soit, après avoir pris le parti de l'expectative, j'attendis les événements avec une résignation quelque peu nerveuse.

L'instinct de la conservation avait groupé autour de moi bêtes et gens en un noyau compact qui eût été du plus comique effet si une lumière soudaine eût éclairé la scène. Mes noirs, paralysés par la terreur, ne soufflaient mot; Nadouba et Moussô-Koura, toutes deux accroupies derrière moi, tremblaient de tous leurs membres et claquaient des dents.

La nuit, toujours complètement noire, m'empêchait de distinguer les objets les plus rapprochés et l'oreille seule nous guidait approximativement sur la direction qu'occupait notre ennemi, car le même grognement rauque que nous avions entendu déjà se répétait à d'assez longs intervalles; puis commença autour de nous une promenade circulaire du fauve dont les rugissements nous révélaient la proximité de plus en plus inquiétante.

M'étant appuyé un instant sur un de mes chevaux, je m'aperçus qu'il était secoué par un tremblement tel que ses jambes semblaient à peine pouvoir le porter.

Je ne sais combien de temps nous restâmes dans cette situation, mais le jour commençait à poindre lorsque nous entendîmes très distinctement les broussailles s'écarter à une trentaine de mètres de l'endroit où nous étions groupés; je crus le moment venu, et peut-être un peu trop ému, je me préparais à faire feu aussitôt que l'animal paraîtrait. Mais contre notre attente le silence se fit encore une fois.

L'ennemi semblait avoir arrêté sa marche offensive, lorsque tout à coup nous entendîmes un grand bruit de branches qui s'agitaient et craquaient sous le poids d'un corps et, presque au-dessus de nos têtes, une sinistre chanson se fit entendre qui ne laissait pas de doute sur les intentions de l'artiste. La première lueur du jour nous permettait à présent de distinguer, accroupi sur une grosse branche, le corps long et souple d'une panthère toute prête à s'élancer sur nous. Il n'y avait pas une minute à perdre, appuyant mon arme sur la branche d'un arbuste qui se trouvait en face de moi, je fis feu ; à la détonation répondit presque aussitôt un terrible rugissement, et nous vîmes la masse sombre de l'animal chanceler sur son observatoire ; mais ce ne fut que l'espace d'une seconde ; la panthère se raidit et se cramponna sur sa branche en faisant voler l'écorce en éclats.

Je rechargeai rapidement mon mousqueton, puis j'ordonnai à mon domestique de mettre en joue et de s'apprêter à tirer en même temps que moi. Il faisait encore sombre, mais pas assez pour nous empêcher de distinguer très nettement la silhouette de l'animal et, placés comme nous l'étions, il était presque impossible que toutes nos balles ne portassent pas.

Nos deux coups partirent simultanément et presque aussitôt, en masse inerte, notre ennemie tomba parmi les broussailles.

Armé de mon revolver, je m'apprêtais à avancer, lorsque les hautes herbes s'écartèrent à quelques mètres devant nous et que nous aperçûmes l'animal rampant avec peine sur ses pattes de devant, traînant l'arrière-train dont les deux cuisses étaient jetées du même côté et semblaient dépourvues de vie.

Alors, avec une précipitation fébrile, je déchargeai mes six coups de revolver sans trop savoir ce que je faisais. Quelques contractions convulsives, une dernière plainte sourde, et ce fut tout. Quand mes noirs me virent approcher, oubliant leur terreur de la minute précédente, ils accoururent et, tandis que pour plus de sûreté je plongeai ma baïonnette dans le flanc de l'animal, eux se mirent à lui jeter des pierres, à cracher sur lui et à l'injurier de toutes façons pour se venger sans doute de la nuit qu'il leur avait fait passer.

Notre victime, je pourrais aussi bien dire notre bourreau, était d'assez grande taille ; malheureusement, les nombreux coups de feu que nous lui avions envoyés avaient fortement endommagé sa splendide robe. Le flanc droit, qui était celui que la panthère nous présentait sur l'arbre, était littéralement déchiqueté par les balles et les chevrotines.

C'était néanmois un trophée que je tenais à conserver et je fis dépouiller l'animal par mes hommes, puis nous nous mîmes en route, les indigènes tout fiers de leur sanglant fardeau.

C'est la seule fois, pendant tout mon séjour au Sénégal, que j'aie rencontré un grand fauve ; il m'est arrivé fréquemment, la nuit, d'entendre au lointain les mugissements des hippopotames pendant leurs ébats sur le bord du fleuve, mais les récits fantaisistes des narrateurs qui mettent journellement leurs héros aux prises avec tous les animaux les plus terribles de la création donnent une idée bien fausse de la réalité.

Une fois encore j'ai vu ma petite caravane bousculée et assez maltraitée par une bande de bœufs sauvages, mais c'est un petit accident auquel on peut être exposé à Paris même, dans le voisinage des abattoirs.

Certainement les forêts de l'Afrique centrale sont peuplées d'hôtes dangereux, mais ils paraissent tenir aussi peu à la rencontre de l'homme que l'homme tient peu à la leur, et loin d'en heurter à chaque pas, comme le feraient croire les récits auxquels je fais allusion, on a grand peine à trouver leur piste quand on organise une chasse pour en détruire quelques-uns; la destruction d'un lion ou d'une panthère est un événement au même titre que la capture d'un ours dans certaines contrées de la France.

Un ennemi plus redoutable que le fauve est le reptile qui, lui, recherche le voisinage des habitations et les endroits frais et ombragés, choisis ordinairement pour campements.

Le scorpion est très commun, et, comme chacun le sait, sa piqûre, sans être mortelle, amène dans l'organisme des désordres souvent graves.

Il existe aussi une grande espèce de myriapodes d'une familiarité exaspérante, dont l'atteinte est également très cruelle. Je ne cite bien entendu pas ces deux espèces au nombre des reptiles, mais elles s'en rapprochent énormément par les mœurs et les inconvénients.

Parmi les reptiles, le plus redoutable est le serpent noir, ou serpent minute qui, en raison de sa petite taille, échappe à toutes les investigations ; son nom fait une sinistre allusion à la rapidité avec laquelle il foudroie sa victime.

Le trigonocéphale et ses nombreuses variétés se rencontrent aussi fréquemment et inspirent aux noirs une terreur bien justifiée ; il n'est pas un indigène qui ne possède un grigri destiné à le protéger de leur morsure.

J'ai vu quelques boas et je ne pouvais songer sans rire aux descriptions extraordinaires que j'avais lues de leurs dimensions ; certains voyageurs en ont, paraît-il, rencontré de la grosseur et de la longueur d'un arbre ! Ceci rappelle le fameux serpent de mer du *Constitutionnel*. Peut-être dans certaines contrées trouve-t-on des boas gigantesques ; je déclare, pour ma part, qu'ils ont l'habitude, dans le Soudan français, de se contenter de trois ou quatre mètres de longueur et d'une quinzaine de centimètres de diamètre maximum.

Pour passer du très grand au très petit, je dirai un mot de la filaire de Médine, qui est un parasite de l'homme, et, prétend-on, de quelques mammifères. Sa présence se révèle par une intolérable douleur dans le membre où elle séjourne ; quelle est au juste la génèse de cet hôte incommode ? on ne paraît pas fixé sur ce point : les uns prétendent que l'ingestion d'eau contaminée est le moyen de transmission ; d'autres veulent donner comme point de départ le simple contact extérieur du liquide malfaisant. Toujours est-il qu'au bout d'un certain temps, on voit apparaître sur un point déterminé du membre attaqué, la jambe ou le pied principalement, une sorte de furoncle très enflammé, au centre duquel, lorsqu'il est percé, on distingue un point blanc très apparent. Ce point est une des extrémités de la filaire dont il est facile de suivre de l'œil la trace sinueuse sous l'épiderme; on saisit l'extrémité visible du ver et on le tire jusqu'à ce qu'on sente une résistance; il importe alors de ne pas insister sous peine de casser le ruban, ce qui déterminerait la formation d'un phlegmon, avec tous ses graves inconvénients. On enroule soigneusement la portion conquise sur un petit support approprié, et l'on attend qu'un nouveau fragment veuille bien se laisser retirer de la plaie. Cette opération se répète généralement chaque jour et peut durer plusieurs semaines, comme elle peut se terminer très rapidement; il est indispensable en tous cas que la totalité du parasite soit expulsée pour que la guérison soit complète.

Quelques auteurs prétendent que la filaire de Médine peut mesurer jusqu'à trois mètres; pour moi, j'ai été à même d'en voir un très grand nombre, et les plus longues parmi celles que j'ai examinées ne dépassaient pas quatre-vingt-dix centimètres; il n'est pas rare de rencontrer des individus logeant plusieurs de ces parasites à chaque jambe. Mon impression personnelle est que ce mal si singulier est communiqué à celui qui en est affecté par la traversée à gué des marigots. Je n'ai d'autres raisons pour le croire que d'avoir observé que ceux-là seuls en sont atteints qui séjournent dans l'eau les jambes nues; la place même qu'occupe le ver sur les membres inférieurs serait de nature à confirmer cette supposition. Les Européens, convenablement chaussés et protégés contre le contact immédiat des eaux stagnantes, ont très rarement à souffrir de ce mal.

CHAPITRE XXV

Les doléances des noirs. — Parti à tirer de la confiance instinctive des indigènes. — Modifications à apporter au système actuel. — Un blanc premier ministre du roi des Maures.

Le 13 août, je rentrai à Kita tout à fait réconforté par les quelques jours que je venais de passer dans la pleine activité d'un exercice forcé.

Mon petit village était en pleine prospérité, ce qui me frappa d'autant plus que j'arrivais de Niagassola où je n'avais eu sous les yeux qu'images de misère et de désolation, et qu'autour de Kita même, la famine commençait aussi à se faire sentir.

Dans ma petite colonie, au contraire, je trouvais d'immenses *lougans* (champs cultivés) qui, depuis mon départ, promettaient des récoltes abondantes.

Dans ce pays où les progrès de la végétation sont aussi rapides que les ravages de la sécheresse, les champs cultivés par mes ordres s'étaient, dans l'espace de quinze jours, couverts de tous les produits qu'ils devaient rapporter.

Grâce au soin que j'avais pris de faire réserver des provisions et de distribuer à chacun une ration journalière rigoureusement partagée, je me trouvais à même de résister pendant longtemps encore aux conséquences de la mauvaise année.

Cette simple mesure d'ordre et de prévoyance avait donné à penser aux chefs des villages voisins que je possédais d'immenses greniers cachés, bondés de subsistances; aussi venaient-ils constamment me demander de leur faire quelques avances de mil, qu'ils s'engageaient à me rendre. Dans l'impossibilité de satisfaire à leurs demandes sans hypothéquer l'avenir des pauvres gens dont je m'étais donné la charge, je profitais de l'occasion pour jouer le rôle du Maître d'école de la fable en leur faisant un sermon où je leur démontrais que, malgré les fortes réquisitions qu'ils avaient eu à fournir à nos troupes, ils auraient parfaitement pu vivre jusqu'à la fin de l'hivernage rien qu'avec le mil qu'ils avaient gaspillé à fabriquer du dolo dont la consommation excessive les abrutissait.

De temps en temps, cependant, je trouvais le moyen de rogner un peu sur la portion de chacun de mes hommes pour venir en aide aux besoins les plus pressants qui se manifestaient autour de moi.

Quand je disais aux chefs qui venaient me présenter leur pénurie qu'avec un peu plus de prévoyance et un peu moins d'apathie, ils auraient pu comme moi se mettre en garde contre la détresse présente; quand je leur disais qu'il m'avait suffi de voir les bombances auxquelles ils se livraient, malgré la situation précaire où les avaient réduits les demandes réitérées de notre colonne, pour penser que la disette ne tarderait pas à régner chez-eux ; i's me répondaient philosophiquement : — « Oui, les Toubabs savent tout, mais nous autres, pauvres noirs, nos têtes sont trop petites. » — A quoi je leur répliquais que, si la nature leur avait fait des cerveaux étroits, elle les avait dédommagés en leur donnant des bras démesurément longs, afin qu'ils eussent plus de facilité à cultiver la terre et à lui faire rendre tout ce qu'elle peut et doit rendre pour le bien-être de ses habitants. Comme dans le royaume des aveugles les borgnes sont rois, ces raisonnements, d'une logique enfantine, produisaient la plus vive impression sur l'esprit de ces braves gens ; il m'en était venu une universelle réputation de sagacité et, avec le temps, on avait pris l'habitude de se rendre en consultation chez moi, chaque fois qu'un cas épineux se présentait, soit au sujet des rapports des indigènes entre eux, soit au sujet des litiges qui survenaient entre notre administration et quelques-uns des leurs.

J'avais conquis par la force des choses et sans y songer, tout simplement parce que je parlais leur langue et que je m'intéressais à leurs affaires, la confiance d'un certain nombre de chefs de village, et je puisais dans leurs doléances de précieux documents sur les points faibles de notre système colonial.

J'ai été à même de recueillir ainsi bien des confidences qui auraient fortement donné à songer à nos chefs, s'il leur avait été possible de les entendre. Pourquoi ne pas le dire? Aussi bien, je n'attaque et ne veux attaquer aucune personnalité; mon seul but est de démontrer qu'avec plus de douceur et plus d'homogénéité dans la haute direction, les résultats obtenus auraient pu être décuplés dans un même laps de temps et sans plus de dépenses; que, là où une mauvaise interprétation du caractère nègre a entretenu pendant plusieurs années des malentendus onéreux à tous les points de vue, il aurait suffi de tenir nos engagements, pour assurer la loyale adhésion de ceux envers qui nous les avions contractés.

Je voudrais condenser en une forme moins primitive que celle qu'ils emploient les principaux arguments qu'invoquent les noirs pour justifier leur défiance à notre égard. Je supprime donc à dessein la tournure pittoresque qu'ils donnent à leurs discours :

« Quand, il y a quelques années, disent-ils, nous
« avons vu arriver chez nous une mission qui venait
« nous proposer la protection de la France, notre pre-
« mier mouvement a été la joie; nous nous sentions
« pleins de sympathie pour les blancs et de confiance
« en eux; sans cesse sous le coup des incursions pil-
« lardes des musulmans, notre intérêt même nous
« portait à nous soumettre à l'étranger puissant qui
« venait nous offrir sa protection contre ces derniers.

« Mais nous n'avons pas tardé à nous apercevoir que
« nous avions troqué l'inquiétude de la rançon contre
« la rançon elle-même, et quand, après nous avoir
« promis l'amélioration de notre sort et même la pros-
« périté, vous avez exigé de nous une redevance
« d'hommes qui nous prive de nos travailleurs et une
« redevance de denrées que nous ne pouvons même
« pas fournir puisque vous nous prenez les forces
« dont nous pouvons disposer pour cultiver notre
« terre, nous avons trop bien compris que nous
« étions les dupes du marché qu'on nous avait fait
« accepter. Le temps a passé et cet état de choses n'a
« fait qu'empirer, si bien qu'à l'heure actuelle cer-
« tains commandants nouveaux à leur poste nous
« mettent dans une situation pire que celle de nos
« captifs.

« On nous demande constamment des services de
« corvée qu'il nous est impossible de rendre, et des
« fournitures qu'il nous est impossible de livrer, vous
« le savez bien. La sanction naturelle de notre refus
« devrait être le retrait de votre protection, mais
« vous nous considérez maintenant comme chose
« conquise et vous n'épargnez pas les plus dures
« punitions corporelles à ceux qui sont impuissants à
« vous satisfaire.

« Quand un officier vient prendre le commande-
« ment d'un poste, nous faisons tout ce qui est en

« notre pouvoir pour répondre à ses exigences; mais
« à peine l'expérience lui a-t-elle permis d'apprécier
« ce qu'il est en droit d'exiger de nous, qu'un autre
« est envoyé pour le remplacer et vient recommencer
« à nos dépens un nouvel apprentissage. Le dernier
« venu ne tient aucun compte des concessions qui
« ont pu être faites par son prédécesseur, il suffit au
« contraire, dans la plupart des cas, qu'un com-
« mandant nous ait imposés d'une certaine façon, pour
« que celui qui vient après lui renchérisse sur ce
« qui nous était demandé auparavant; trop souvent,
« il en vient qui, dès leur arrivée et sans avoir essayé
« de nous connaître, nous méprisent et nous mal-
« traitent de la pire façon... Il est difficile que notre
« confiance en vous ne diminue pas graduellement au
« lieu de se changer en dévouement et en fidélité. »

J'épuisais toute ma rhétorique à leur prouver que les misères qu'on leur faisait subir devaient tourner à leur plus grand profit; mais, en mon for intérieur, j'étais forcé de reconnaître la justesse de ces doléances.

Je n'ai pas la ridicule prétention, moi, modeste fonctionnaire du Gouvernement sur les rives du Sénégal, d'ériger un système complet et définitif de colonisation du Soudan français, et de pacification des contrées immenses qui le composent; ma seule ambition est de donner quelques points de repère permettant de modifier, suivant une voie logique, les moyens actuellement employés. Tôt ou tard, on reconnaîtra la nécessité pratique et économique d'un changement radical dans la ligne de conduite à tenir. Je serais heureux si les renseignements sincères que je suis à même de publier pouvaient contribuer dans une certaine mesure à précipiter ce résultat inévitable.

Je ne crois pas le noir dans la possibilité de s'assimiler, avant un temps encore très éloigné de nous, la totalité de nos idées et de nos mœurs; mais, tel qu'il est, il est susceptible de parvenir très rapidement à un degré d'amélioration qu'on ne paraît pas soupçonner. Tous les gens qui se sont occupés d'une manière quelconque du dressage d'un animal: cheval, chien, ou même oiseau, sont d'accord pour reconnaître que la douceur et la régularité dans le traitement sont les meilleurs moyens que l'on puisse mettre en usage pour obtenir le succès ; un chien rebuté, au début de son éducation, par une correction maladroitement administrée, ne deviendra jamais une bête remarquable dans la spécialité qu'on aura voulu lui donner. Je pense que tout le monde voudra bien admettre avec moi que le nègre soit d'un niveau intellectuel égal à celui du chien; pourquoi donc le traiter plus mal que ce dernier? Pourquoi, de parti pris, choisir la correction comme point de départ de son dressage? On ne saurait trop le répéter, *la rigueur quand même*, telle est la règle presque générale que nous appliquons là-bas. Encore serait-ce admissible si la rigueur survenait à la suite de tentatives de rébellion ou de trahison ; mais, dans la plupart des cas, les choses se passent ainsi : dès que les commandants de cercle entrent en fonctions, ils sont dans la nécessité immédiate de résoudre les questions pendantes et de mettre les affaires du poste au courant, et, n'étant pas encore initiés aux habitudes et à la langue de la région, ils ne peuvent essayer de se mettre en rapport direct avec les indigènes qui ont affaire à eux; ils ont donc forcément recours à un interprète dont l'ingérence cause tout le mal; ils attachent à leur personne pour remplir ce rôle un habitant quelconque du pays qui ne les quittera plus et qui deviendra pour eux un conseiller en même temps qu'il constituera une barrière infranchissable entre les indigènes et les commandants, ce qui lui permettra de servir ses sympathies ou ses rancunes au plus grand détriment de notre influence.

Les noirs, qui savent à quoi s'en tenir, refusent de se livrer à un tiers que ses antécédents peuvent leur rendre suspect. Les commandants, de leur côté, prennent cette réserve pour de l'antipathie ou de la malveillance et voilà le malentendu créé, malentendu qui s'exacerbera chaque jour des maladresses ou du mauvais vouloir de l'interprète.

Je crois donner en ces quelques lignes la note

exacte de notre situation quelque peu stagnante dans le Soudan français.

Tous les indigènes un peu intelligents s'accordent à reconnaître que l'autorité locale de leurs chefs est tout à fait illusoire, et dans le principe, ils ont vu non seulement sans crainte, mais avec joie, s'établir au milieu d'eux les mandataires d'une nation puissante, sur lesquels ils croyaient pouvoir s'appuyer pour délier leurs différends et organiser leurs ressources ; et la preuve en est que lorsque, par hasard, un commandant de cercle comprend parfaitement une affaire soumise à sa sanction et lui donne la solution qu'elle comporte, c'est avec un véritable enthousiasme que le perdant aussi bien que le gagnant de cette espèce de procès accueillent la décision prise à leur sujet. La moindre détermination de bonne justice prise par un commandant à l'égard d'un indigène fait plus pour notre influence qu'un mois de luttes et de représailles. Pour en donner un exemple bien frappant, je puis citer un fait qui m'est arrivé dans le courant de 1886.

Un chef d'un village voisin prétendait avoir à se plaindre du vol d'un captif et il allait porter sa déclaration devant le commandant de Kita ; mais, redoutant l'accueil qui lui serait fait par ce dernier, il vint d'abord me trouver et me demander quelles étaient ses chances de succès ; il m'exposa son affaire en termes si embrouillés qu'il ne me fût pas difficile de comprendre que sa conscience était troublée et qu'il comptait plutôt sur ses relations avec l'interprète et le bagou de celui-ci que sur la justice de sa réclamation pour obtenir gain de cause. Je lui déclarai donc tout net qu'il avait tort et qu'il devait se garder de soumettre son cas à la sanction du commandant; il me quitta en élevant les bras au ciel et en s'écriant que les blancs étaient de grandes intelligences puisqu'ils savaient aussi bien, sans le concours d'aucun grigris, démêler le faux du vrai; et voilà un homme qui, par ce simple fait, me considérait à tout jamais comme un arbitre sûr et impeccable. J'appris depuis que le captif que ce chef voulait réclamer avait été volé par lui à un autre chef qui n'avait fait que reprendre son bien.

Quand on voit à quel point il est facile de conquérir du prestige auprès des noirs sans tirer un coup de fusil et sans bourse délier, on ne peut s'empêcher de regretter que les instructions données à nos résidents ne répondent pas davantage aux nécessités locales.

Je mets en fait que le moindre soldat d'infanterie ou d'artillerie de marine, doué d'une intelligence suffisante et arrivant à connaître convenablement la langue du pays, ferait plus à lui seul pour la colonisation que dix colonnes armées décimées par les escarmouches et la maladie.

Un épisode entre mille le fera comprendre.

Il y a trois ou quatre ans, un caporal d'infanterie

de marine, ayant eu la main un peu lourde dans la gestion de l'ordinaire de sa compagnie, prit le parti de déserter pour se soustraire au conseil de guerre qui l'attendait, et de se réfugier chez les Maures Trarzas. C'était un garçon capable, connaissant le langage yolof; il se fit en quelque temps une situation exceptionnelle chez ses nouveaux hôtes ; il devint et doit être encore le conseiller intime du roi qui n'arrêterait pas une résolution, si peu importante qu'elle fût, sans prendre son avis. Il n'est pas de démarches que le Gouvernement français n'ait faites, pas d'échanges qu'il n'ait proposés, pour rentrer en possession de son déserteur; mais rien de tout cela n'a abouti. Notre caporal est beaucoup trop intelligent pour se laisser rendre, et s'il lui plaisait, quelque jour, de faire marcher contre nous les troupes innombrables de son nouveau roi, il y parviendrait certainement.

CHAPITRE XXVI

Fin de l'hivernage. — Témoignages de sympathie des noirs. — Considérations sur leur caractère.

La fin de l'hivernage approche et avec elle l'époque de mon retour en France, et malgré le désir que j'ai de me retrouver au milieu des miens, ce n'est pas sans un serrement de cœur que je songe qu'il va me falloir quitter, peut-être pour n'y pas revenir, ce séjour si redouté par la plupart.

L'attachement que je ressens pour ce pays et l'intérêt qu'il m'inspire proviennent de deux causes : là, d'abord, où tant d'autres ont eu à souffrir sans répit des ardeurs de la température et de l'insalubrité locale, j'ai résisté facilement à ces deux agents de destruction, terribles pour les Européens ; de plus, je crois avoir été utile dans la mesure de mes moyens et dans la modeste sphère de mon activité ; je puis dire que j'ai obtenu des résultats qui ont frappé beaucoup des officiers en mission dans la colonie ; ici, je suis quelqu'un, et ce n'est pas sans amertume que j'abandonne la position que je me suis créée par mon travail, pour redevenir, dans la métropole, une unité quelconque de la multitude.

Les témoignages de sympathie que je reçois constamment de tous ces pauvres diables me tiennent fort au cœur, et je n'ai qu'un désir, si les circonstances me favorisent, c'est de refaire sur une plus vaste échelle ce que j'ai commencé sans aucun moyen d'action et sans même que mes fonctions me donnent une autorité suffisante pour suppléer à la pénurie de mes ressources.

Dès que je me suis vu suffisamment familiarisé avec le dialecte et les habitudes des indigènes, ma première idée aurait été d'utiliser ces connaissances pour appliquer à la culture toutes les forces que je voyais disponibles et les terrains immenses qui ne demandaient qu'à produire.

Pour cela je n'avais rien, ni argent, ni outils, ni matériaux d'aucune sorte, j'ai dû me contenter de ce que je trouvais sur place, et dès que j'ai pu réunir quelques captifs dans le village infime qui s'était groupé autour de ma case, j'ai obtenu avec l'aide de leurs bras une réussite si appréciable que je me demande à quels résultats on arriverait si l'on disposait de toutes les ressources désirables. Pour moi, qui veux croire que l'idée de colonisation a un but plus élevé que de multiplier les possessions lointaines, je demeure convaincu, jusqu'à preuve du contraire, que les noirs ne tarderaient pas à comprendre toutes les richesses qu'ils pourraient tirer de la terre, jusque-là négligée.

Pour obtenir d'eux une modification radicale de leur apathie, tant de fois séculaire, il ne s'agit pas de se substituer à eux, pour faire rendre au pays ce qu'il doit rendre, et c'est l'écueil dans lequel on est tombé jusqu'à présent.

A-t-on l'idée d'installer dans une colonie quelconque une exploitation ? Vite on fait venir de France, à grand frais, des équipes d'ouvriers qui résistent mal au changement de pays et, souffrant du climat, ne peuvent travailler convenablement.

Pour réussir, il faut rendre les indigènes les instruments de leur propre prospérité ; ils sont susceptibles d'apprendre, et, guidés par des hommes à initiative, d'exécuter d'une façon suffisante tout ce qui leur est indiqué ; d'ailleurs le profit qu'ils arriveraient à tirer de leur travail contribuerait singulièrement à ouvrir leur intelligence.

En un mot, au lieu de considérer les indigènes comme des gêneurs dans leur propre pays, il faudrait voir en eux des auxiliaires utiles et peu exigeants.

C'est ce que je me suis efforcé de faire chaque fois que j'en ai eu l'occasion, et je m'en suis toujours bien trouvé. Je n'en veux pour preuve que les nombreuses marques de reconnaissance que je me suis attirées par ce moyen bien simple.

Ainsi, lors de la famine, un service tout naturel que j'ai pu rendre à ces malheureux m'a permis de voir qu'ils étaient susceptibles de gratitude ; pendant cette période néfaste, c'est par familles que les indigènes mouraient chaque jour dans les villages avoisinant le fort, alors que les magasins contenaient des vivres qui auraient pu soulager leur détresse ; mais il est vrai d'ajouter qu'on ne pouvait les leur livrer sans compromettre, peut-être, la subsistance des hommes jusqu'à l'arrivée de la prochaine colonne de ravitaillement.

Au moment de l'installation de ma petite colonie, indépendamment du prêt de mil que j'avais obtenu du commandant, j'avais pu faire des achats assez considérables ; ces approvisionnements, distribués avec parcimonie, me permirent de soulager bien des misères ; il n'y avait rien là que de très naturel, mais le fait de se soucier du bien-être de ses semblables parut aux nègres une chose tellement extraordinaire qu'ils en conservèrent une confiance inaltérable en ma protection. Quand, après bien des mauvais jours, ils retrouvèrent un peu d'aisance, leur premier soin fut d'essayer de me rendre les services qu'ils avaient reçus de moi ; il ne se passait pas de jour que je ne visse arriver dans ma case de nombreux présents que je me serais bien gardé de refuser, comme le font la plupart des Européens en pareil cas, sous prétexte qu'ils ne veulent rien accepter des indigènes. Je m'efforçais au contraire de manifester ma vive satisfaction à ceux qui m'apportaient des cadeaux, tout en me réservant de les en dédommager par la suite; mes camarades s'amusaient beaucoup de cet excès de délicatesse qu'ils jugeaient ne pouvoir être compris des noirs. Je soutiens au contraire que lorsque les indigènes ne sont pas obligés, soit pour obtenir la faveur de quelqu'un, soit pour apaiser le courroux d'un chef, de faire un présent, ils sont bien plus heureux d'offrir que de recevoir.

Ainsi, à une autre époque, j'avais eu l'occasion de faire restituer à une pauvre vieille femme une vache qui s'était trouvée mêlée à un troupeau réquisitionné; la femme m'en avait gardé une vive reconnaissance, et bien que le village qu'elle habitait se trouvât situé à plus de douze kilomètres de Kita, elle n'aurait pas manqué chaque dimanche de venir m'apporter deux œufs frais et de me renouveler ses remercîments, tout en déplorant que sa misère l'empêchât de me faire des présents plus dignes de moi.

Il m'arrivait souvent de lui faire glisser une pièce de vingt sous par l'intermédiaire de Nadouba; elle s'empressait aussitôt d'aller sur le marché où elle achetait quelque volaille qu'elle m'apportait encore, en protestant qu'elle avait rencontré une personne de son village qui lui en avait fait cadeau.

Je n'ai naturellement pas à tirer vanité de l'attachement que me portaient les nègres, pas plus que des raisons qui l'avaient motivé, et je ne raconte tous ces détails, qui paraîtront peut-être insignifiants, que pour éclairer d'un jour bien peu connu le caractère de ces grands enfants, si décriés, qu'on appelle les noirs; et, dût-on me trouver bien optimiste, j'ajouterai qu'à la reconnaissance des bons traitements, le nègre joint, la plupart du temps, l'oubli des mauvais.

CHAPITRE XXVII

Départ de Kita. — Fantasias. — Escorte. — Descente du fleuve en chaland. — Saint-Louis transformé. — Inauguration de la statue du général Faidherbe. — Retour en France.

J'ai reçu vers la fin de janvier l'avis officiel de mon congé et je fais mes préparatifs pour mon retour en France. Dès que la nouvelle de mon départ s'est répandue parmi les noirs, j'ai vu se succéder dans ma case des files interminables d'indigènes qui venaient m'apporter leurs adieux et leurs souhaits de me voir revenir promptement au milieu d'eux ; je ne puis m'empêcher, moins par amour-propre que par émotion, de noter les démarches flatteuses et touchantes dont je fus l'objet de la part de tous mes amis les noirs.

Les chefs voisins organisèrent des sortes de cortèges où ils venaient, accompagnés des griots et de la jeunesse de leurs villages, chanter mes louanges, suivant la coutume du pays, et déplorer ma prochaine absence. Plusieurs se réunirent pour donner en mon honneur un tam-tam gigantesque qui dura toute une nuit et pendant lequel les salves de mousqueterie alternaient avec la musique bizarre qui rythmait la bacchanale.

Enfin, le 4 février, j'étais prêt à quitter le fort de Kita, quand tous les hommes de mon petit village vinrent me supplier de les autoriser à me servir d'escorte jusqu'au poste de Kayes, où je devais m'embarquer sur les chalands.

Les officiers du fort eux-mêmes, avec lesquels mes relations avaient toujours été très cordiales, firent la première étape avec moi. Ils me quittèrent le 4, au soir, à Boudouvo. Le cinq, au matin, je disais adieu aux environs de Kita et au lieu de notre campement qui avait été pendant si longtemps le but de nos promenades quotidiennes.

Le retour à Saint-Louis a lieu en deux grandes étapes : la première, de Kita à Kayes, se fait à cheval et dure de quinze à vingt jours; la seconde, de Kayes à Saint-Louis, se fait par le fleuve, soit en chaland pendant la saison sèche, soit en aviso pendant l'hivernage. Dans le premier cas, et c'est le nôtre, cette dernière partie du voyage peut durer de vingt-cinq à quarante jours; dans le second, elle est rapidement faite et dépasse rarement huit jours.

Le commencement de ce voyage s'effectue sans incidents notables, par une température relativement clémente et au milieu d'un pays que j'ai déjà parcouru et dont l'uniformité désespérante n'est pas faite pour vous distraire de l'ennui du voyage; le dix-huitième jour, nous rencontrons la colonne expéditionnaire du lieutenant-colonel Galliéni, qui se dirige sur Kita; dans la même journée, nous arrivons à Diamou, station terminus du chemin de fer de Kayes.

C'était la première fois que mes hommes voyaient un chemin de fer qu'ils appellent du même nom que les canonnières, *Cisi Koulan*, c'est-à-dire : bateau à fumée ; ils s'empilèrent sur une plate-forme au milieu des caisses et des bagages ; tandis que je prenais place sur la seconde plate-forme, avec quelques officiers et fonctionnaires.

Rien n'était plus comique à voir que l'effroi de mes nègres, quand la machine se mit en marche après avoir sifflé à plusieurs reprises ; ils semblaient se croire perdus, et plus d'un devait regretter dans son for intérieur d'avoir mené si loin son attachement pour moi....

J'avais, par faveur spéciale, conservé Nadouba avec moi ; ma pauvre petite sauvage, absorbée par le départ de son *toubab*, échappait aux inquiétudes de ses compatriotes ; elle était bien triste et commençait à comprendre que les hommes qui se servent de machines semblables à celle qui nous entraînait n'étaient pas faits pour vivre de la vie de son pays.

Après six heures d'un trajet accidenté par des cahots invraisemblables, nous arrivons à Kayes à deux heures du matin.

Malgré l'heure avancée, je me rends avec tout mon monde à la case où j'habitais autrefois, et j'y trouve deux anciens camarades revenus depuis peu dans le haut Sénégal ; ils m'offrent l'hospitalité, tandis que mes noirs campent au dehors.

Le vingt-cinq février, après avoir reçu les adieux des braves gens qui avaient tenu à ne me quitter que lorsque le voyage devenait impossible pour eux, après leur avoir recommandé Nadouba, je m'embarque sur le chaland qui doit me conduire jusqu'à Saint-Louis.

J'ai pour compagnons de voyage deux capitaines et un médecin de la marine. Quatre autres chalands, qui nous suivent, contiennent chacun dix soldats européens que le mauvais état de leur santé oblige à rapatrier.

Les chalands usités pour les transports des hommes et des marchandises sur le Sénégal sont des bateaux plats de huit à dix mètres de long, de deux à trois mètres de large, presqu'entièrement couverts d'une sorte de bâche en paille qui donne contre les ardeurs du soleil une protection bien illusoire; la navigation se fait tantôt à la voile, tantôt à l'aviron, et enfin le moyen le plus rapide est la cordelle avec halage sur la rive ; c'est sur un aussi primitif bâtiment que nous devons séjourner pendant près d'un mois avant d'arriver à Saint-Louis ; aussi, à peine avons-nous mis le pied à bord que chacun choisit sa place et cherche à se caser le mieux qu'il peut.

Le chargement de notre *vaisseau amiral* se trouve composé des quatre personnes indiquées plus haut, de leurs domestiques, de cinq noirs formant équipage et d'une série de colis dont les formes bizarres compliquent singulièrement la situation; pour comble de bonheur, la seule place qui reste disponible pour faire la cuisine est le gaillard d'avant, où une barrique sciée par la moitié et remplie de terre sert de fourneau et chauffe toute la journée pour préparer la nourriture de tout ce monde.

Nous avons donc constamment dans la figure une fumée épaisse et une odeur détestable que rendent encore plus intolérables les quarante degrés de chaleur qui règnent constamment sous cette étuve; encore notre chaland est-il privilégié. Je n'insisterai pas outre mesure sur ce que peuvent être les quatre autres occupés par des dysentériques dans un tel état de faiblesse qu'ils ne peuvent remuer et par conséquent prendre les précautions les plus élémentaire de l'hygiène.

Pour nous, c'est avec une immense joie que nous voyons arriver chaque soir le coucher du soleil qui nous permet de déserter notre embarcation et de descendre à terre où nous longeons la rive à travers la brousse et dans une fraîcheur relative; mais cette inoffensive distraction qui ne nous est permise que sur la rive gauche du fleuve, censée dans toute sa longueur sous le protectorat Français, nous est souvent impossible quand nous approchons d'un village Toucouleur, à cause des manifestations par trop hostiles des habitants; d'autant plus que les officiers ont reçu les instructions les plus sévères pour éviter tout semblant de conflit et que nous ne pouvons nous exposer à nous laisser insulter, alors que nos chalands portent le pavillon français en tête du mât.

Les aimables riverains, malgré le désir d'en venir aux mains, qui leur est inspiré par l'état d'affaissement dans lequel ils voient nos soldats, doivent donc se contenter de se porter en masse sur la berge et de gesticuler avec leurs armes, en nous envoyant les épithètes les moins flatteuses. Malgré notre extrême prudence, nous avons bien de la peine à rester calmes devant cette hostilité par trop bruyante.

Un jour, entre autres, nous avions accosté pour acheter du lait pour nos malades, quand nous vîmes arriver une bande d'hommes qui, sans aucune provocation de notre part, prirent tout à coup l'attitude la plus menaçante; quelques-uns sortirent des revolvers cachés sous leurs boubous et nous tinrent en joue jusqu'à ce que, liés par les recommandations reçues, nous ayons pris le temps de nous replier en bon ordre.

On aurait dit que ces gens connaissaient la consigne qui nous avait été donnée, tant leur audace était grande et tant ils multipliaient les bravades.

Après cette aventure nous prenons le parti de ne plus aborder qu'à la nuit close, et alors seulement que la nécessité de faire des provisions s'imposerait absolument.

A quelque temps de là, nous sommes réveillés, une nuit, par une odeur intolérable et dont nous ne pouvons d'abord nous expliquer la cause, puis de temps en temps nous remarquons que notre chaland, amarré à la rive, est heurté par des corps entraînés par le courant.

Le lendemain, à la première heure, au moment de nous mettre en route, nous apercevons une quantité innombrable de cadavres de moutons qui couvrent le fleuve; néanmoins, nous nous mettons en route afin de fuir le plus vite possible cette peste, mais plus nous avançons, plus il y en a, et c'est par centaines que nous les voyons flotter pendant doux jours de suite. Ils s'accumulent à de certains endroits, où le courant est faible, au point de gêner notre navigation qui s'effectue au milieu de miasmes pestilentiels dont on ne peut se faire une idée. Enfin, nous sortons de ce mauvais pas et, le 16 mars, nous arrivons à Malou où un aviso est venu à notre rencontre; nous y prenons passage et trois jours après nous débarquons à Saint-Louis au milieu d'une animation extraordinaire causée par l'inauguration de la statue du général Faidherbe.

Quel contraste entre cette journée et celle où, cinq ans auparavant, j'avais pris pied dans cette colonie!

La ville m'avait alors produit, si l'on s'en souvient, la pénible impression d'une cité déserte et dévastée par un fléau, morte au commerce, morte à la vie sociale, silencieuse et particulièrement triste, et voilà qu'aujourd'hui je retrouve cette ville égayée par des magasins *à l'instar de Paris*, des cafés étincelants de dorures, où la présence du traditionnel garçon en veste noire et tablier blanc étonne quelque peu ; et en raison des fêtes qui vont être données, la place du Gouvernement est encombrée d'estrades, de mâts, de chevaux de bois, de tirs à la carabine, et de spectacles forains.

Les maisons sont pavoisées et des députations d'indigènes venues de toutes parts égayent les rues de leurs types variés et de leurs costumes bariolés; des Maures, juchés sur des chameaux, des Yolofs, montés sur des chevaux nerveux du désert, se livrent à des fantasias auxquelles se prête mal l'étroitesse des rues ; le canon tonne ; les troupes, en grande tenue, se rendent sur la place, pendant que des milliers de noirs, quittant leurs villages de Guet'N'dar et N'dar'Tout, se répandent en masses bruyantes à travers la ville.

La cérémonie se passe comme les cinq cents inaugurations de statues qui ont lieu en France chaque année, et, après avoir assisté à la revue par laquelle elle se termine, les noirs vont se livrer aux divertissements variés offerts par la municipalité.

Pendant qu'autour de la statue les fonctionnaires prononçaient des discours que le bruit de la mer nous empêchait d'entendre, j'avais devant moi deux noirs, richement vêtus, qui examinaient ensemble le monument en bronze florentin.

— « *Celui y a faire ça,* dit l'un d'eux en haussant les épaules, *y a pas connaît Faidherbe, parce que si lui y a connaître, y a pas faire noir comme ça.*

— « Ah! *toi y a pas malin,* répond l'autre, le plus sérieusement du monde. *C'est bon général qua demandé à faire son portrait noir comme ça, pour montrer que lui, y a toujours bien aimé les noirs...* »

Le 22 mars, après avoir traversé le Cayor en chemin de fer, je m'embarque à bord d'un transport de l'État, *le Sénégal,* et je suis tout surpris de me retrouver, après tant de mois de campement et d'installations provisoires et précaires, au milieu du luxe et du confort de ce navire.

Au moment où nous allons prendre la haute mer, je ne peux détacher mes regards de ce pays dont je commençais à me faire une seconde patrie, où tant de grandes choses peuvent être exécutées par celui qui s'en sentira l'énergie et qui, comme moi, y cherchera autre chose qu'un emploi banal destiné à lui assurer l'existence de chaque jour.

TABLE DES MATIÈRES

CHAPITRE PREMIER

Pages

Départ de Toulon. — Traversée. — Gros temps. — La côte de Barbarie. — Transbordement. — Saint-Louis. — Difficultés de la première installation. — Aspect de la ville. — Un tam-tam Yolof.......... 1

CHAPITRE II

Musulmans et fétichistes. — Maures et Toucouleurs. — Les Peulhs. — L'épopée d'El-Adj-Omar. — Ce qu'est devenu son empire. — Bambaras, Malinkés, Mandingkés et Kassonkés..................... 13

CHAPITRE III

Départ de Saint-Louis, — Navigation du fleuve. — Aspect des rives. — Richard-Toll. — Dagana. — Podor. — Saldé et Matam. — Abdoul Boubakar. — Trois transbordements successifs. — Arrivée à Kayes.. 22

CHAPITRE IV

Médine. — Visite à Sambala, roi du Kasso. — Les femmes du Kasso. — Caractère et mœurs des Kassonkés. — Industrie des indigènes, leurs habitations. — Mariages. — Sépultures. — Les trois sortes de captifs... 33

CHAPITRE V

Succession des saisons au Sénégal. — L'hivernage et la végétation. — L'agriculture des indigènes. — Le Diiné. — L'amante du Diiné...................... 50

CHAPITRE VI

Longtou. — Les chutes du Félou. — Oussoufi, chef du village; sa duplicité. — Rixe entre mes hommes et son escorte. — Oussoufi m'offre sa fille en mariage. — Rôle qu'il lui attribue. — Sa déception........ 57

CHAPITRE VII

Le gibier à Longtou. — Préparatifs de chasse. — Traversée périlleuse. — Chasse à l'hippopotame. — Prudence excessive de notre guide.............. 66

CHAPITRE VIII

Invasion de fourmis. — Protection des crapauds. — *Menés-Ménés* et *Bagas-Bagas*. — Attaque d'une termitière par les fourmis noires.................. 74

CHAPITRE IX

L'excision des jeunes filles. — Saturnales qui accompagnent la fête. — Maladie d'Oussouﬁ. — Sa guérison. — Epidémie de variole 81

CHAPITRE X

Abandon du poste de Longtou. — Incendie de Kayes. — Descente des rapides. — Arrivée à Kayes........ 90

CHAPITRE XI

En route pour Kita. — Le premier campement. — Étapes successives. — Insolation d'un des nôtres. — Bafoulabé. — Badumbé et la colonne. — Rencontre de captifs au gué de Toukoulo............... 97

CHAPITRE XII

Arrivée à Kita. — Installation au fort. — Visite au village de Makadiambougou. — Le marabout Moré Moussa. — Achat d'une captive. — Sakoba...... 108

CHAPITRE XIII

Marchés indigènes à Kita. — Querelles de femmes ; leur manière de lutter. — Intervention du commissaire de police. — Bodian. — Nadouba et son histoire.. 121

CHAPITRE XIV

L'arrivée du courrier de France. — Les nègres et les images. — Étonnements de Nadouba.......... 131

CHAPITRE XV

Organisation sociale des villages indigènes. — Responsabilité des chefs. — Les Malinkés. — Leurs aptitudes. — Visite chez un forgeron. — Instruments de musique. — Fête de la circoncision des garçons.. 137

CHAPITRE XVI

Condition des femmes chez les Malinkés. — Nadouba demandée en mariage. — Son amitié pour Sata. — Leurs querelles.................................. 148

CHAPITRE XVII

Fin de la campagne. — Affaire de Nafadié. — Héroïsme de nos troupes. — Rentrée de la colonne expéditionnaire. — Occupations pendant l'hivernage. — Les tornades. — Le village de Niafala. — L'herbe de longue vie. — Visite à un vieillard de 109 ans.. 157

CHAPITRE XVIII

Les idées des noirs sur notre Gouvernement, — sur le sort des soldats. — Comment ils expliquent nos inventions. — La philosophie de Moussa-Boré.... 170

TABLE DES MATIÈRES

CHAPITRE XIX

Les récoltes et l'invasion des sénégalis. — Construction d'une maisonnette à l'européenne. — Les nègres et la géométrie.................................. 175

CHAPITRE XX

Histoire de Samory. — Formation d'un village libre. — Nombreux parrainages.—Sobriquets porte-bonheur. — Quelques usages des indigènes. — Marabouts et sorciers. — Traitement de la dyssenterie. — Amulettes et grigris 180

CHAPITRE XXI

Imprévoyance des noirs. — Ravitaillement de la colonne. — Une mission chez l'almamy Samory. — Le prince Diaoulé Karamoko. — Le plénipotentiaire malgré lui.................................. 193

CHAPITRE XXII

Action du climat sur la santé. — Disette aux environs de Kita. — Départ pour Niagassola. — Goubanko. — Siège de Goubanko par la colonne Borgnis-Desbordes. — Sytakoto. — Mourgoula et Kokorouni.................................. 200

CHAPITRE XXIII

Nadouba retrouve son ancien campement. — Arrivée opportune au fort de Niagassola. — Le village. — Mambi. — La famine. — Départ du fort......... 216

CHAPITRE XXIV

Nuit passée avec une panthère. — Les fauves au Soudan. — Le scorpion. — Le myriapode. — Le serpent minute. — Le trigonocéphale. — Le boa. — La filaire de médine........................... 227

CHAPITRE XXV

Les doléances des noirs. — Parti à tirer de la confiance instinctive des indigènes. — Modifications à apporter au système actuel. — Un blanc premier ministre du roi des Maures.................... 239

CHAPITRE XXVI

Fin de l'hivernage. — Témoignages de sympathie des noirs. — Considérations sur leur caractère....... 250

CHAPITRE XXVII

Départ de Kita. — Fantasias. — Escorte. — Descente du fleuve en chaland. — Saint-Louis transformé. — Inauguration de la statue du général Faidherbe. Retour en France........................... 256

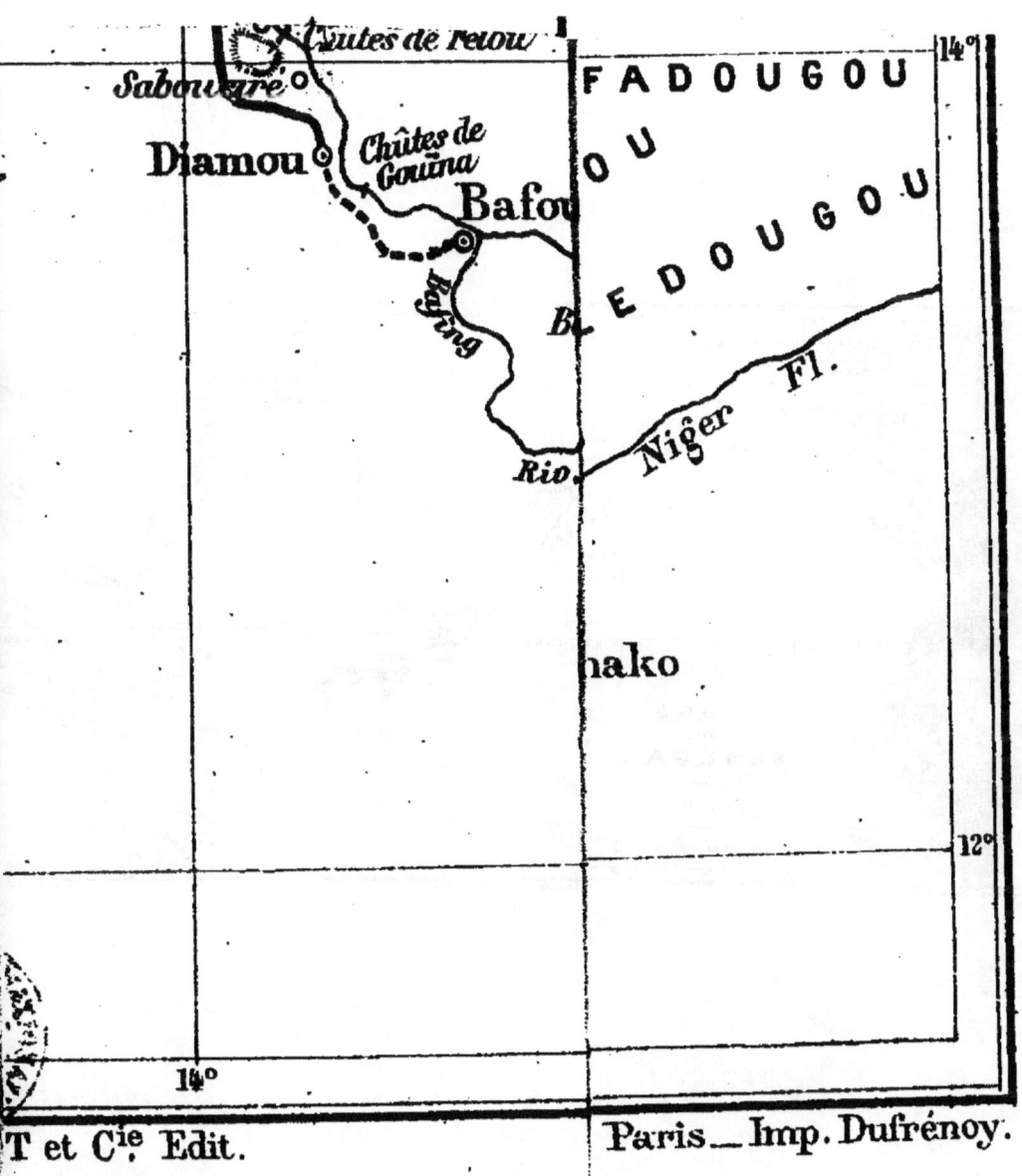

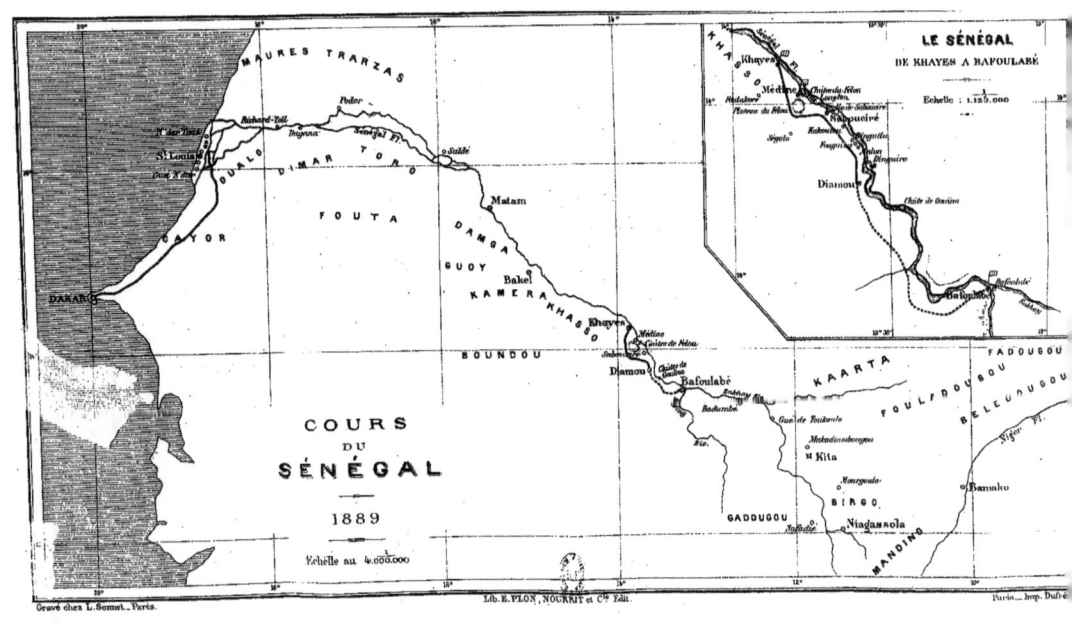